Impressum
Verlag: BABADADA GmbH, Nedderfeld 112 , 22529 Hamburg
Geschäftsführer / Verlagsleitung: Harald Hof
Druck: Books on Demand GmbH, In de Tarpen 42, 22848 Norderstedt

Imprint
Publisher: BABADADA GmbH, Nedderfeld 112 , 22529 Hamburg, Germany
Managing Director / Publishing direction: Harald Hof
Print: Books on Demand GmbH, In de Tarpen 42, 22848 Norderstedt

AF188388

école

ໂຮງຮຽນ

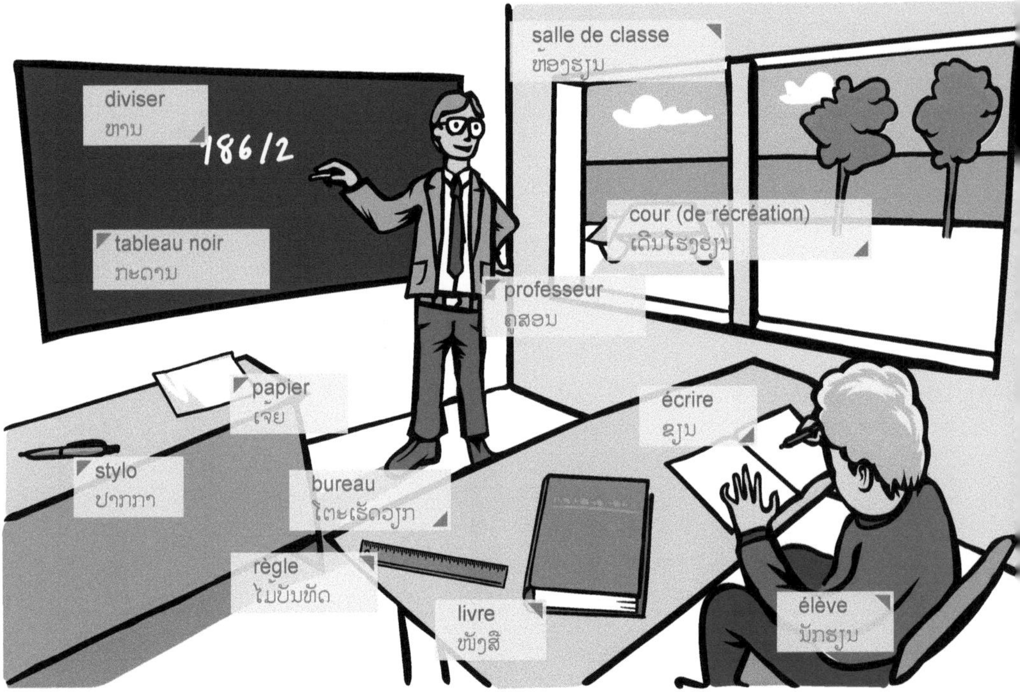

salle de classe
ຫ້ອງຮຽນ
diviser
ຫານ
186/2
tableau noir
ກະດານ
cour (de récréation)
ເດີ່ນໂຮງຮຽນ
professeur
ຄູສອນ
papier
ເຈ້ຍ
écrire
ຂຽນ
stylo
ປາກກາ
bureau
ໂຕະເຮັດວຽກ
règle
ໄມ້ບັນທັດ
livre
ໜັງສື
élève
ນັກຮຽນ

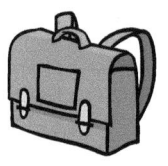

cartable

ກະເປົາໃສ່ປຶ້ມທີ່ມີສາຍພາຍ

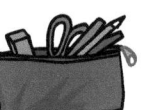

trousse

ກັບສໍດໍາ

crayon

ສໍດໍາ

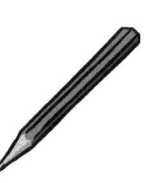

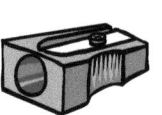

taille-crayon

ເຄື່ອງແຫຼມສໍ

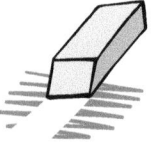

gomme

ຢາງລຶບ

carnet à dessin

ສະໝຸດແຕ້ມຮູບ

dessin

ພາບວາດ

pinceau

ແປງທາສີ

boîte de peinture

ກ່ອງສີ

ciseaux

ມິດຕັດ

colle

ກາວ

cahier d'exercices

ປຶ້ມເຜິກຫັດ

devoirs

ວຽກບ້ານ

chiffre

ຕົວເລກ

additionner

ບວກ

soustraire

ລົບ

multiplier

ຄູນ

calculer

ຄິດໄລ່

lettre

ຕົວອັກສອນ

alphabet

ພະຍັນຊະນະ

mot

ຄຳສັບ

texte

ຂໍ້ຄວາມ

lire

ອ່ານ

craie

ສໍຂາວ

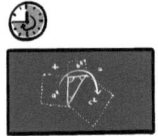

leçon

ບົດຮຽນ

livre de classe

ລົງທະບຽນ

examen

ການສອບເສັງ

certificat

ໃບຢັ້ງຢືນ

uniforme scolaire

ຊຸດນັກຮຽນ

formation

ການສຶກສາ

lexique

ປຶ້ມຮວບຮວມຄວາມຮູ້ສາລະພັດ

université

ມະຫາວິທະຍາໄລ

microscope

ກ້ອງຈຸລະທັດ

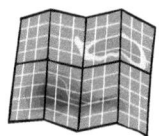

carte

ແຜນທີ່

corbeille à papier

ກະຕ່າໃສ່ເສດເຈ້ຍ

hôtel
ໂຮງແຮມ

Grand

auberge
ໂຮສເຫລ

ROOMS

bureau de change
ຫ້ອມແລກປ່ຽນເງິນຕາ

ECHANGE

valise
ກະເປົາເດີນທາງ

voiture
ລົດຍົນ

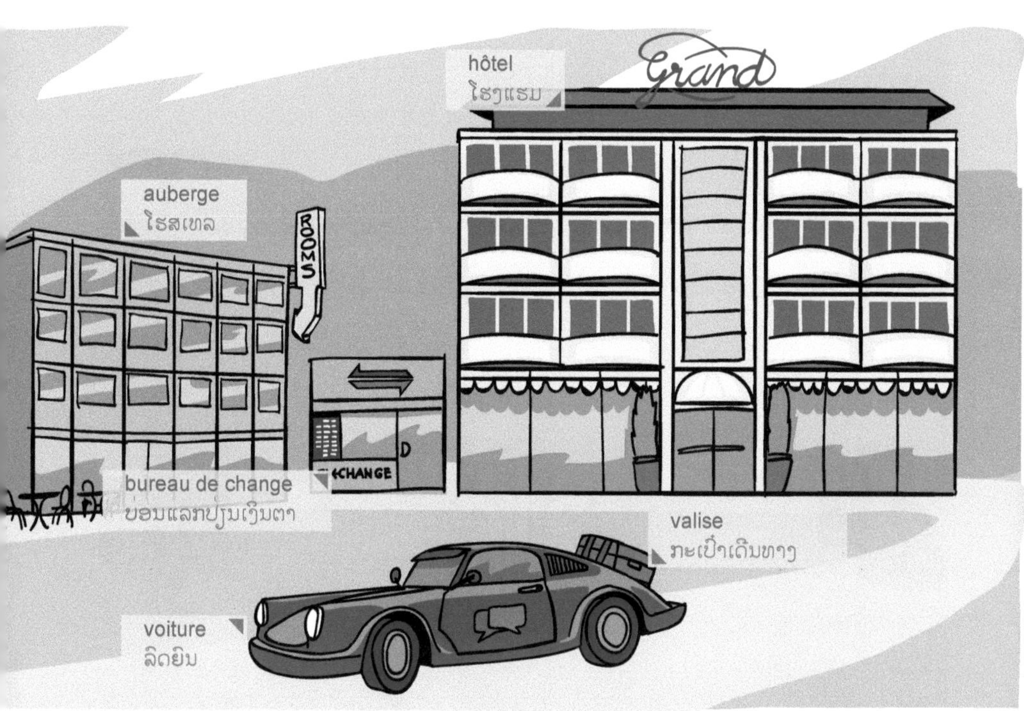

langue
....
ພາສາ

oui / non
....
ແມ່ນ / ບໍ່ແມ່ນ

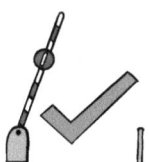

d'accord
....
ຕົກລົງ

Salut
....
ສະບາຍດີ

interprète
....
ນັກແປພາສາ

merci
....
ຂອບໃຈ

Combien coûte...?

ລາຄາເທົ່າໃດ...?

Je ne comprends pas

ຂ້ອຍບໍ່ເຂົ້າໃຈ

problème

ບັນຫາ

Bonsoir !

ສະບາຍດີຕອນແລງ!

Bonjour !

ສະບາຍດີຕອນເຊົ້າ!

Bonne nuit !

ລາຕີສະຫວັດ

Au revoir

ລາກ່ອນ

direction

ທິດທາງ

bagages

ກະເປົ໋າເດີນທາງ

sac

ກະເປົ໋າ

sac-à-dos

ກະເປົ໋າພາຍຫຼັງ

hôte

ແຂກ

pièce

ຫ້ອງ

sac de couchage

ຖົງໃສ່ເຄື່ອງນອນ

tente

ເຕັ້ນ

office de tourisme
ຂໍ້ມູນນັກທ່ອງທ່ຽວ

plage
ຊາຍຫາດ

carte de crédit
ບັດເຄຣດິດ

petit-déjeuner
ອາຫານເຊົ້າ

déjeuner
ອາຫານທ່ຽງ

dîner
ອາຫານແລງ

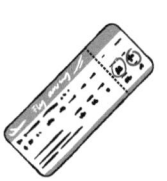

billet
ປີ້

ascenseur
ລິຟ

timbre
ສະແຕມ

frontière
ພົມແດນ

douane
ພາສີ

ambassade
ສະຖານທູດ

visa
ວິຊາ

passeport
ໜັງສືຜ່ານແດນ

voyage - ການທ່ອງທ່ຽວ

transport
ຂົນສົ່ງ

avion
ເຮືອບິນ

navire
ກຳປັ່ນ

véhicule de pompiers
ລົດດັບເພີງ

bus
ລົດເມ

camion
ລົດບັນທຶກ

bateau à moteur
ເຮືອຈັກ

bicyclette
ລົດຖີບ

voiture
ລົດຍົນ

ferry
ເຮືອຂ້າມຟາກ

barque
ເຮືອ

moto
ລົດເຈ້ຍ

voiture de police
ລົດຕຳຫຼວດ

voiture de course
ລົດແຂ່ງ

voiture de location
ລົດເຊົ່າ

auto-partage

ການແບ່ງປັນກັນໃຊ້ລົດ

voiture de remorquage

ລົດລາກ

benne à ordures

ລົດຂົນຂີ້ເຫຍື້ອ

moteur

ເຄື່ອງຍົນ

essence

ເຊື້ອໄຟ

station d'essence

ປ້ຳນ້ຳມັນ

panneau indicateur

ປ້າຍຈາລະຈອນ

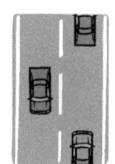

trafic

ການຈາລະຈອນ

embouteillage

ການຈາລະຈອນຕິດຂັດ

parking

ບ່ອມຈອດລົດ

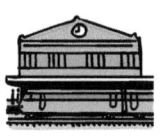

gare

ສະຖານີລົດໄຟ

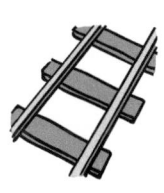

rails

ລາງລົດໄຟ

train

ລົດໄຟ

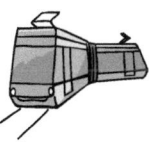

tramway

ລົດລາງ

wagon

ຕູ້ລົດໄຟ

hélicoptère

ເຮລິຄອບເຕີ

aéroport

ສະໜາມບິນ

tour

ຫໍຄອຍ

passager

ຜູ້ໂດຍສານ

conteneur

ຕູ້ບັນຈຸສິນຄ້າ

carton

ກ່ອງເຈ້ຍ

chariot

ກວຽນ

corbeille

ກະຕ່າ

décoller / atterrir

ເຮືອບິນຂຶ້ນ / ເຮືອບິນລົງຈອດ

ville

ເມືອງ

village

ບ້ານ

centre-ville

ໃຈກາງເມືອງ

maison

ເຮືອນ

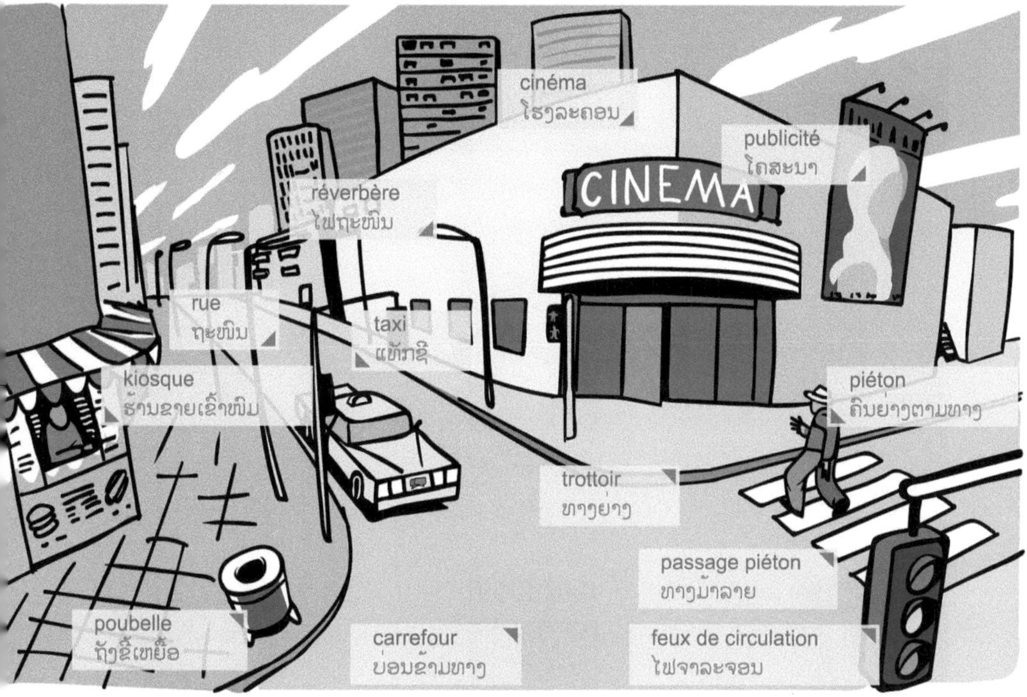

cinéma
ໂຮງລະຄອນ

publicité
ໂຄສະນາ

réverbère
ໄຟຖະໜົນ

rue
ຖະໜົນ

taxi
ແທັກຊີ

CINEMA

piéton
ຄົນຍ່າງຕາມທາງ

kiosque
ຮ້ານຂາຍເຂົ້າໜົມ

trottoir
ທາງຍ່າງ

passage piéton
ທາງມ້າລາຍ

poubelle
ຖັງຂີ້ເຫຍື້ອ

carrefour
ບ່ອນຂ້າມທາງ

feux de circulation
ໄຟຈາລະຈອນ

cabane

ຕູບ

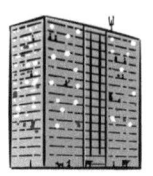

appartement

ແຟລດ

gare

ສະຖານີລົດໄຟ

mairie

ໂຮງການເມືອງ

musée

ຫໍພິພິດຕະພັນ

école

ໂຮງຮຽນ

université

ມະຫາວິທະຍາໄລ

banque

ທະນາຄານ

hôpital

ໂຮງໝໍ

hôtel

ໂຮງແຮມ

pharmacie

ຮ້ານຂາຍຢາ

bureau

ຫ້ອງການ

librairie

ຮ້ານຂາຍໜັງສື

magasin

ຮ້ານຄ້າ

fleuriste

ຮ້ານຂາຍດອກໄມ້

supermarché

ຊຸບເປີມາເກັດ

marché

ຕະຫຼາດ

grand magasin

ຫ້າງສັບພະສິນຄ້າ

poissonnerie

ຮ້ານຂາຍປາ

centre commercial

ສູນການຄ້າ

port

ທ່າເຮືອ

ville - ເມືອງ

parc

ສວນສາທາລະນະ

banque

ແປ້ນມ້າ

pont

ຂົວ

escaliers

ຂັ້ນໃດ

métro

ລົດໄຟໃຕ້ດິນ

tunnel

ອຸໂມງ

arrêt de bus

ປ້າຍລົດເມ

bar

ຮ້ານຂາຍເຫຼົ້າ

restaurant

ຮ້ານອາຫານ

boîte à lettres

ຕູ້ໄປສະນີ

panneau indicateur

ປ້າຍຊີ້ຫຼະທິດ

parcmètre

ມິເຕີເກັບຄ່າຝາກລົດ

zoo

ສວນສັດ

piscine

ສະລອຍນ້ຳ

mosquée

ວັດມຸດສະລິມ

ferme

ຟາມ

pollution

ມົນລະພິດ

cimetière

ສຸສານ

église

ໂບດ

aire de jeux

ເດີ່ນຫຼິ້ນຂອງເດັກນ້ອຍ

temple

ວັດມຸດສະລິມ

paysage
ພູມິປະເທດ

feuille
ໃບໄມ້

panneau indicateur
ປ້າຍບອກທາງ

chemin
ທາງ

pré
ທົ່ງຫຍ້າ

pierre
ກ້ອນຫີນ

arbre
ຕົ້ນໄມ້

randonneur
ນັກເດີນທາງໄກດ້ວຍການຍ່າງ

rivière
ແມ່ນ້ຳ

herbe
ຫຍ້າ

fleur
ດອກໄມ້

vallée

ຮ່ອມພູ

montagne

ເນີນເຂົາ

lac

ທະເລສາບ

forêt

ປ່າ

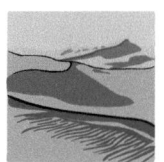

désert

ທະເລຊາຍ

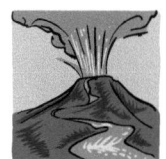

volcan

ພູເຂົາໄຟ

château

ທຳປະສາດ

arc-en-ciel

ຮຸ້ງກິນນ້ຳ

champignon

ເຫັດ

palmier

ຕົ້ນປາມ

moustique

ຍຸງ

mouche

ແມງວັນ

fourmis

ມົດ

abeille

ເຜິ້ງ

araignée

ແມງມຸມ

coléoptère

ແມງປີກແຂງ

grenouille

ກົບ

écureuil

ກະຮອກ

hérisson

ເໝັ້ນ

lièvre

ກະຕ່າຍປ່າ

chouette

ນົກເຄົ້າ

oiseau

ນົກ

cygne

ຫົງ

sanglier

ໝູປ່າຕິວຜູ້

cerf

ກວາງ

élan

ກວາງໃຫຍ່

barrage

ເຂື່ອນ

éolienne

ໜາກປົ່ມ

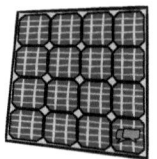

panneau solaire

ແຜງໂຊລາເຊນ

climat

ສະພາບອາກາດ

paysage - ພູມິປະເທດ

restaurant
ຮ້ານອາຫານ

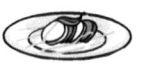

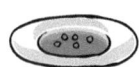

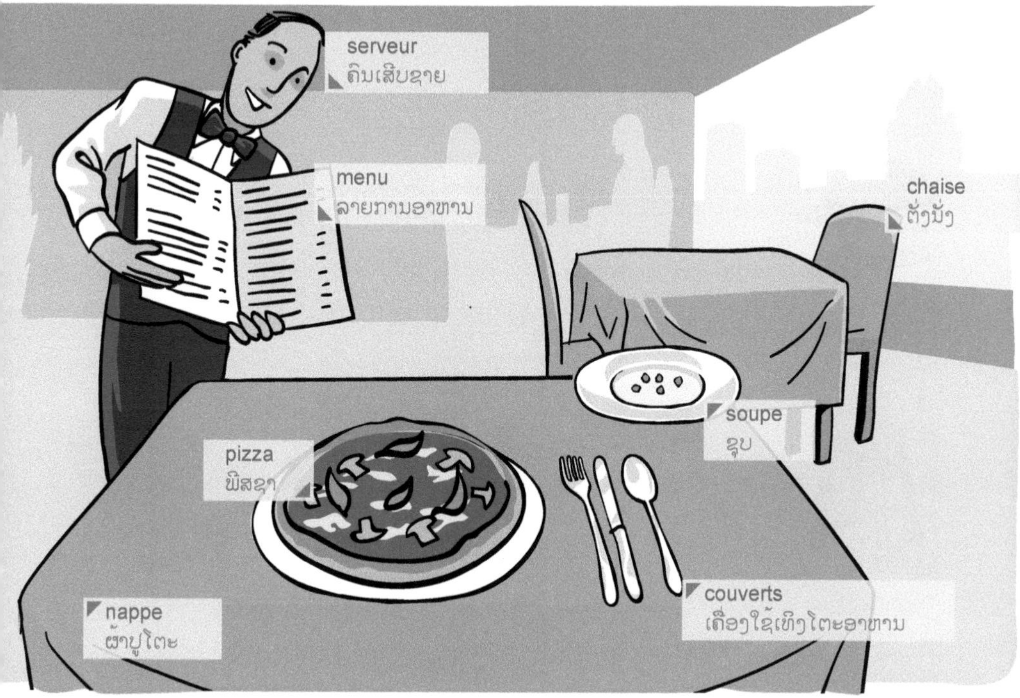
serveur
ຄົນເສີບຊາຍ
menu
ລາຍການອາຫານ
chaise
ຕັ່ງນັ່ງ
soupe
ຊຸບ
pizza
ພິສຊາ
couverts
ເຄື່ອງໃຊ້ເທິງໂຕະອາຫານ
nappe
ຜ້າປູໂຕະ

hors d'œuvre

ອາຫານເລີ່ມຕົ້ນ

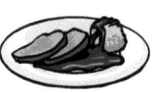

plat principal

ອາຫານຈານຫຼັກ

dessert

ຂອງຫວານ

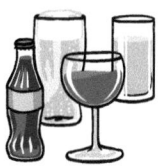

boissons

ເຄື່ອງດື່ມ

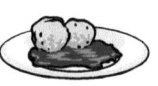

alimentation

ອາຫານ

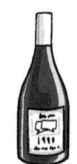

bouteille

ຂວດແກ້ວ

fast-food

ອາຫານຈານດ່ວນ

plats à emporter

ຮ້ານຂາຍທາງ

théière

ເຕົ້ານ້ຳຊາ

sucrier

ຖ້ວຍນ້ຳຕານ

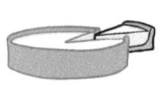

portion

ສ່ວນແບ່ງອາຫານສຳລັບໜຶ່ງຄົນ

machine à expresso

ເຄື່ອງຊົງກາເຟເອສເປຣສໂຊ

chaise haute

ເກົ້າອີ້ສູງ

facture

ໃບເກັບເງິນ

plateau

ຖາດ

couteau

ມີດ

fourchette

ສ້ອມ

cuillère

ບ່ວງ

cuillère à thé

ຊ້ອນຊາ

serviette

ຜ້າເຊັດປາກຢູ່ໂຕະອາຫານ

verre

ຈອກແກ້ວ

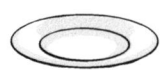

assiette

ຈານ

assiette à soupe

ຈານຊຸບ

soucoupe

ຈານຮອງ

sauce

ຊອສ

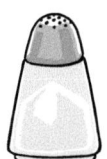

salière

ກະປຸກເກືອ

moulin à poivre

ກະປຸກພິກໄທ

vinaigre

ນ້ຳສົ້ມສາຍຊູ

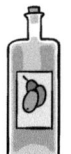

huile

ນ້ຳມັນພືດ

épices

ເຄື່ອງເທດ

ketchup

ຊອສໝາກເດັ່ນ

moutarde

ຜັກຈ້ຳພວກຜັກກາດ

mayonnaise

ມາຍອມເນສ

supermarché

ຊູບເປີມາກເກັດ

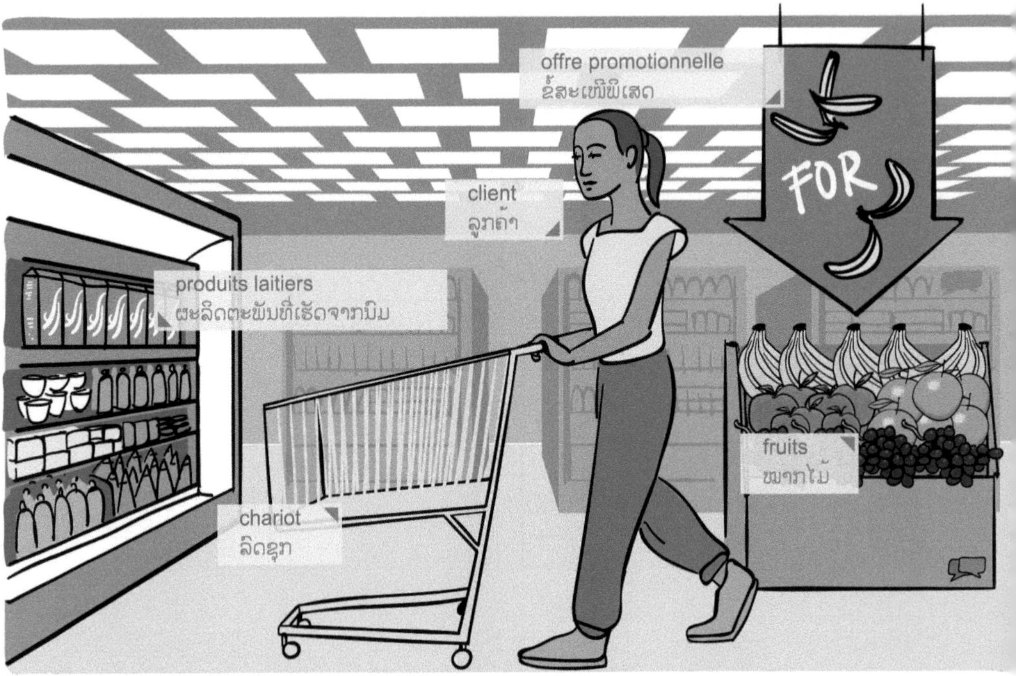

offre promotionnelle
ຂໍ້ສະເໜີພິເສດ
FOR
client
ລູກຄ້າ
produits laitiers
ຜະລິດຕະພັນທີ່ເຮັດຈາກນົມ
fruits
ໝາກໄມ້
chariot
ລົດຊຸກ

BUTCHERS

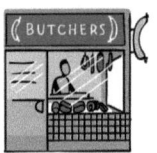

boucherie

ຮ້ານຂາຍຊີ້ນ

BAKERY

boulangerie

ຮ້ານຂາຍເຂົ້າໜົມປັງ

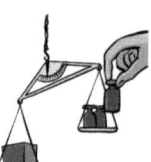

peser

ຊັ່ງນ້ຳໜັກ

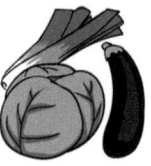

légumes

ຜັກ

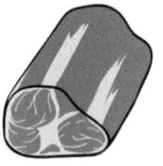

viande

ຊີ້ນ

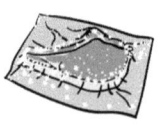

aliments surgelés

ອາຫານແຊ່ແຂງ

charcuterie

ຊີ້ນເຢັນ

conserves

ອາຫານກະປ໋ອງ

poudre à lessive

ແປ້ງຊັກເຄື່ອງ

bonbons

ເຂົ້າໜົມຫວານ

articles ménagers

ຜະລິດຕະພັນໃນຄົວເຮືອນ

détergents

ຜະລິດຕະພັນທຳຄວາມສະອາດ

vendeuse

ພະນັກງານຂາຍຍິງ

caisse

ເຄື່ອງຄິດເງິນ

caissier

ພະນັກງານເງິນສົດ

liste d'achats

ລາຍການຊື້ເຄື່ອງ

heures d'ouverture

ເວລາເປີດເຮັດວຽກ

portefeuille

ກະເປົາເງິນ

carte de crédit

ບັດເຄຣດິດ

sac

ຖົງ

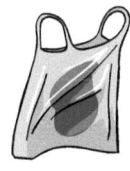

sac en plastique

ຖົງຢາງ

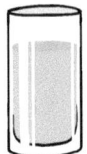

eau

ນ້ຳ

jus de fruit

ນ້ຳໝາກໄມ້

lait

ນົມ

coca

ໂຄກ

vin

ວາຍ

bière

ເບຍ

alcool

ເຫຼົ້າ

chocolat chaud

ໂກໂກ້

thé

ຊາ

café

ກາເຟ

expresso

ເອສເປຣສໂຊ

cappuccino

ຄາປູຊີໂນ

banane

ໝາກກ້ວຍ

pomme

ແອັບເປິ້ນ

orange

ໝາກກ້ຽງ

melon

ໝາກໂມ

citron

ໝາກນາວ

carotte

ຫົວກະຮົດ

ail

ຜັກທຽມ

bambou

ຕົ້ນໄຜ່

oignon

ຫອມບົ່ວ

champignon

ເຫັດ

noisettes

ຖົ່ວ

pâtes

ເສັ້ນໝີ່

spaghetti

ສະປາແກັດຕີ້

riz

ເຂົ້າ

salade

ສະຫຼັດ

pommes frites

ມັນຝຣັ່ງທອດ

pommes de terre rôties

ມັນຝຣັ່ງທອດ

pizza

ພິສຊາ

hamburger

ແຮມເບີເກີ້

sandwich

ແຊນວິດຈ໌

escalope

ຊີ້ນຕິດກະດູກ

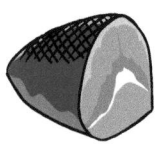

jambon

ແຮມ

salami

ໄສ້ກອກແຫ້ງຊາລາມິ

saucisse

ໄສ້ກອກ

poulet

ໄກ່

rôti

ຍ້າງ

poisson

ປາ

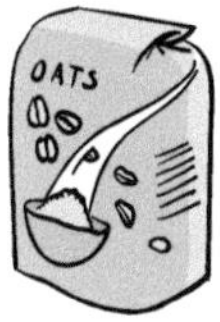

flocons d'avoine

ເຂົ້າປຽກເຂົ້າໂອດ

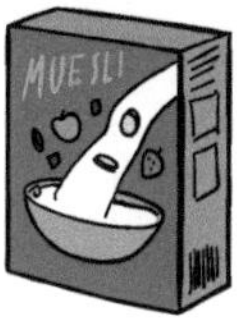

muesli

ອາຫານຊະນິດເປັນເມັດກອບ

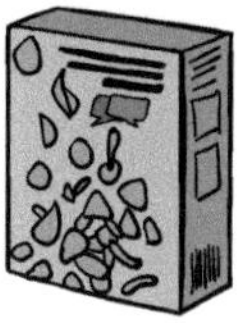

cornflakes

ເຂົ້າຊຽບເປັນປ່ຽງນ້ອຍໆ

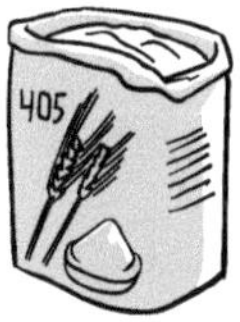

farine

ເຂົ້າແປ້ງ

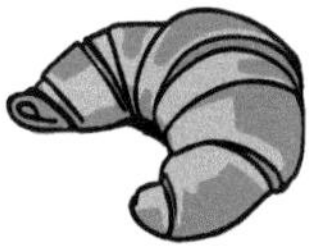

croissant

ເຂົ້າຈີ່ຊະນິດໜຶ່ງມີຮູບເດືອນເຄິ່ງ
ໜວຍ

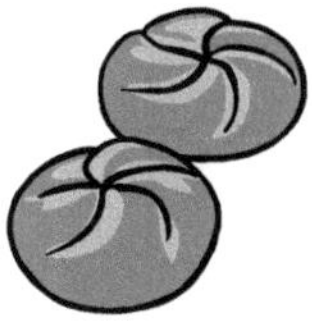

petits-pains

ເຂົ້າໜົມປັງແບບມ້ວນ

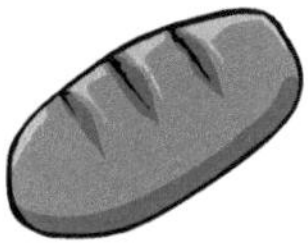

pain

ເຂົ້າໜົມປັງ

pain grillé

ເຂົ້າໜົມປັງປີ້ງ

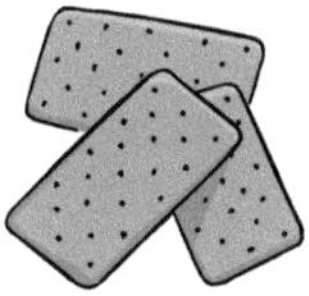

biscuits

ເຂົ້າໜົມປັງຊະນິດກ້ອນນ້ອຍ

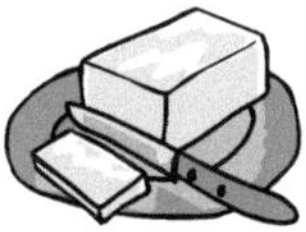

beurre

ເນີຍ

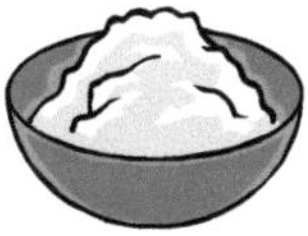

le fromage blanc

ນ້ຳນົມແຂ້ນ

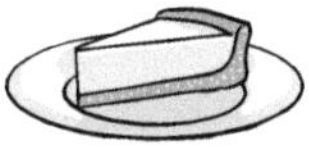

gâteau

ເຄກ

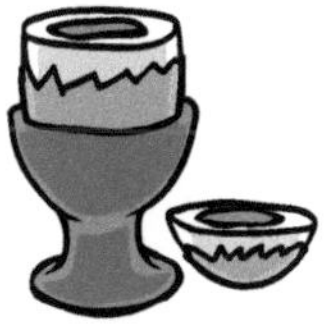

œuf

ໄຂ່

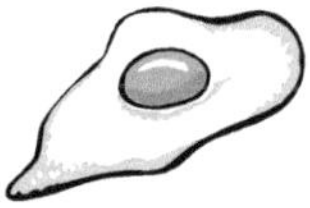

œuf au plat

ໄຂ່ດາວ

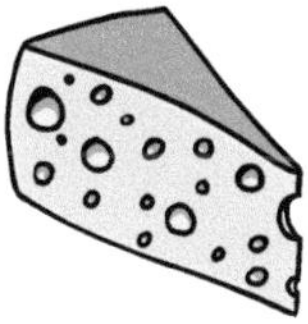

fromage

ເນີຍແຂງ

glace

ກະແລມ

sucre

ນ້ຳຕານ

miel

ນ້ຳເຜິ້ງ

confiture

ແຍມ

crème nougat

ຊ໊ອກໂກແລັດຄຣິມສະເປຣດ

curry

ກະລີ່

ferme

ຟາມ

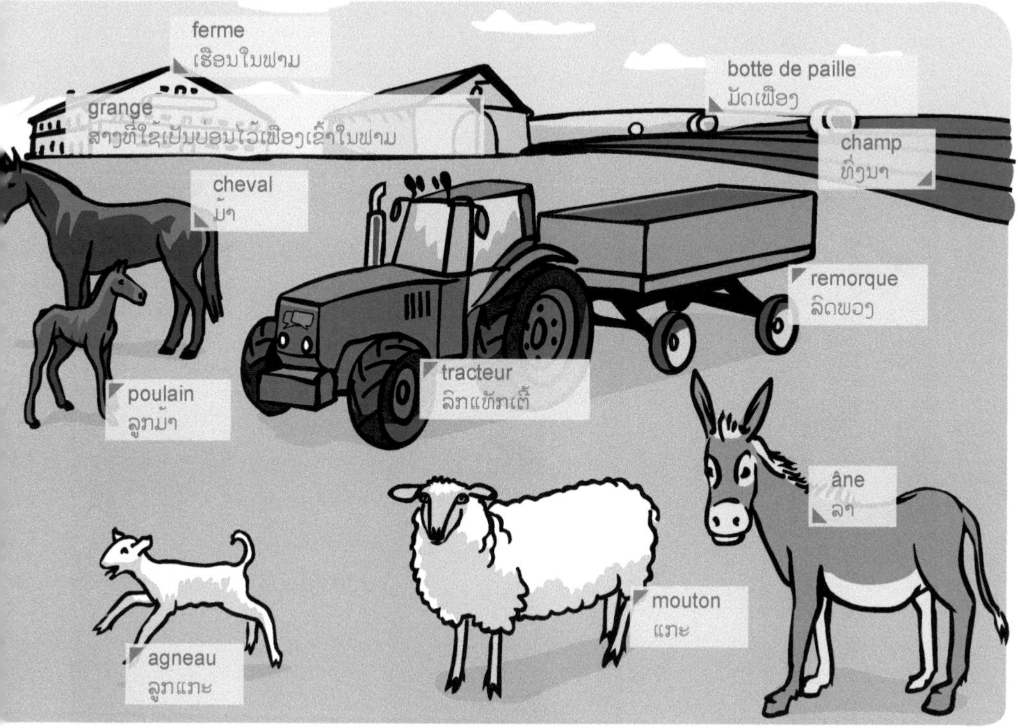

ferme
ເຮືອນໃນຟາມ
grange
ສາງທີ່ໃຊ້ເປັນບ່ອນໄວ້ເຝືອງເຂົ້າໃນຟາມ
botte de paille
ມັດເຟືອງ
champ
ທົ່ງນາ
cheval
ມ້າ
remorque
ລົດພວງ
tracteur
ລົກແທັກເຕີ້
poulain
ລູກມ້າ
âne
ລາ
mouton
ແກະ
agneau
ລູກແກະ

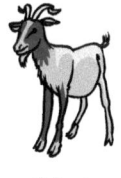

chèvre

ແກະ

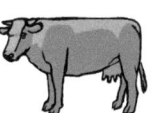

vache

ງົວຕົວແມ່

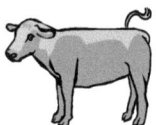

veau

ລູກງົວ

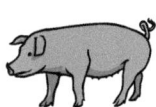

porc

ໝູ

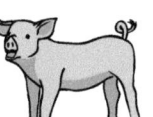

porcelet

ລູກໝູ

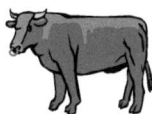

taureau

ງົວຕົວຜູ້

oie

ຫ່ານ

canard

ເປັດ

poussin

ລູກໄກ່

poule

ແມ່ໄກ່

coq

ໄກ່ຜູ້

rat

ໜູ

chat

ແມວ

souris

ໜູ

bœuf

ງົວຕົວຜູ້

chien

ໝາ

chenil

ຄອກໝາ

tuyau de jardin

ສາຍທໍ່ຢາງທີ່ໃຊ້ໃນສວນ

arrosoir

ຂຶໍຫົດຕົ້ນໄມ້

faucheuse

ກ່ຽວດ້າມຍາວ

charrue

ຄັນໄຖ

faucille

ກ?ຽວ

pioche

ຈົກ

fourche

ຄາດ

hache

ຂວານ

brouette

ລົດຍູ້ລໍ້ຽວ

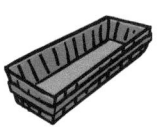

cuve

ທາງລົມ

pot à lait

ປ່ອງນົມ

sac

ກະສອບ

clôture

ຮົ້ວ

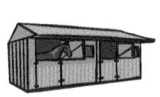

étable

ຄອກມ້າ

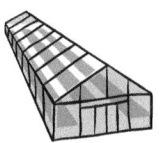

serre

ເຮືອນກະຈົກ

sol

ດິນ

semences

ແກ່ນ

engrais

ຝຸ່ຍ

moissonneuse-batteuse

ເຄື່ອງກ?ຽວເຂົ້າ

récolter

ເກັບກ່ຽວ

récolte

ການເກັບກ່ຽວ

igname

ເຜືອກ

blé

ເຂົ້າສາລີ

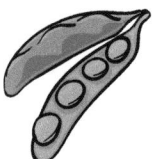

soja

ຖົ່ວເຫຼືອງ

pomme de terre

ມັນຝຣັ່ງ

maïs

ເຂົ້າໂພດ

colza

ດອກເຫຼພຊິດ

arbre fruitier

ຕົ້ນໄມ້ທີ່ອອກໝາກ

manioc

ມັນຕົ້ນ

céréales

ພືດຊະນິດເມັດ

maison
ເຮືອນ

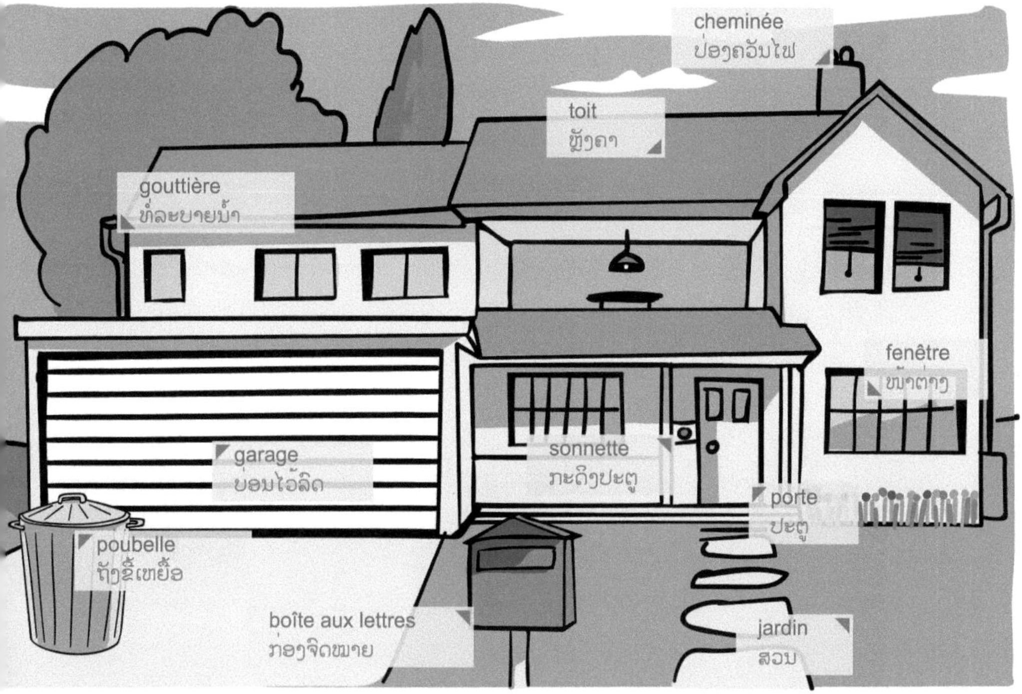
cheminée
ປ່ອງຄວັນໄຟ
toit
ຫຼັງຄາ
gouttière
ທໍ່ລະບາຍນ້ຳ
fenêtre
ໜ້າຕ່າງ
garage
ບ່ອນໄອ້ລົດ
sonnette
ກະດິ່ງປະຕູ
porte
ປະຕູ
poubelle
ຖັງຂີ້ເຫຍື້ອ
boîte aux lettres
ກ່ອງຈົດໝາຍ
jardin
ສວນ

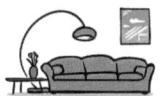

salon

ຫ້ອງຮັບແຂກ

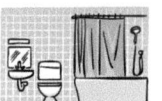

salle de bain

ຫ້ອງນ້ຳ

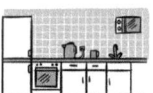

cuisine

ຫ້ອງຄົວ

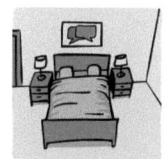

chambre à coucher

ຫ້ອງນອນ

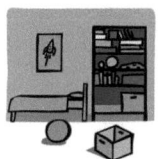

chambre d'enfant

ຫ້ອງພັກສຳລັບເດັກນ້ອຍ

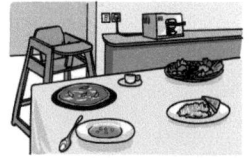

salle à manger

ຫ້ອງອາຫານ

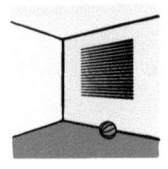

sol

ພື້ນ

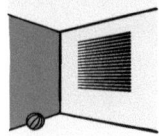

mur

ຝາຜະໜັງ

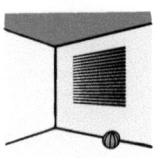

plafond

ເພດານ

cave

ຫ້ອງເກັບເຄື່ອງໃຕ້ດິນ

sauna

ຫ້ອງອົບອາຍນ້ຳ

balcon

ລະບຽງ

terrasse

ຊັ້ນຕາມຂ້າງຝູ

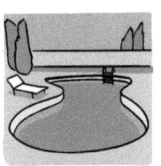

piscine

ສະລອຍນ້ຳ

tondeuse à gazon

ເຄື່ອງຕັດຫຍ້າ

housse

ຜ້າຄູບອມມອນ

couette

ຜ້າປູຕຽງ

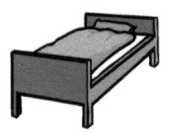

lit

ຕຽງ

balai

ຟອຍ

sceau

ຖຸ

interrupteur

ສະວິດ

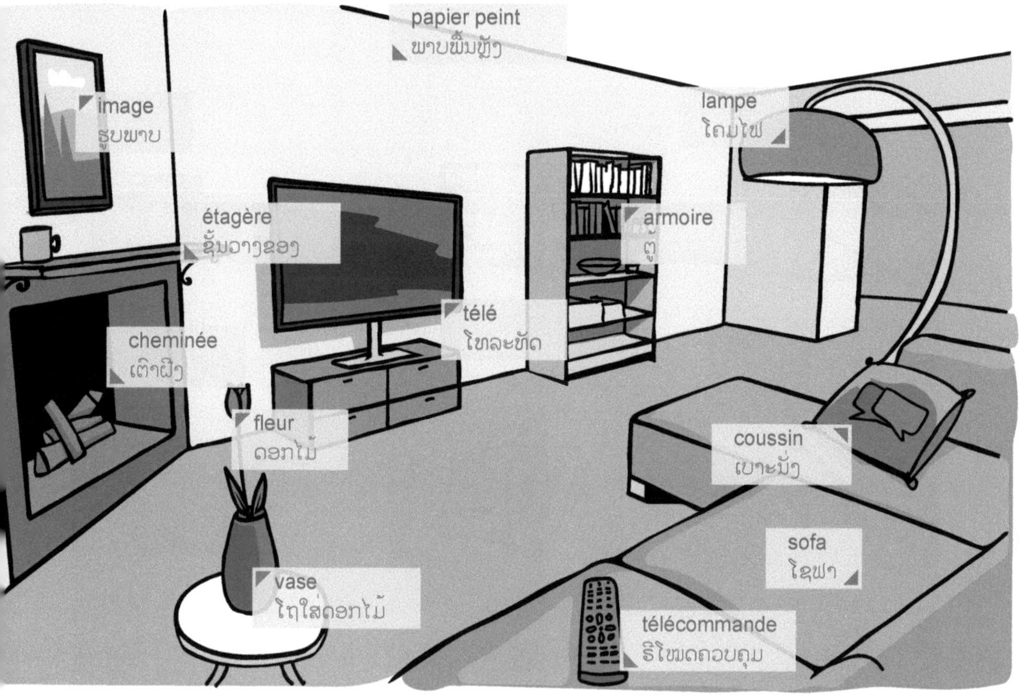

ຫ້ອງຮັບແຂກ

papier peint
ພາບພິມຫຼັງ

image
ຮູບພາບ

lampe
ໂຄມໄຟ

étagère
ຊັ້ນວາງຂອງ

armoire
ຕູ້

cheminée
ເຕົາຜີງ

télé
ໂທລະທັດ

fleur
ດອກໄມ້

coussin
ເບາະນັ່ງ

sofa
ໂຊຟາ

vase
ໂຖໃສ່ດອກໄມ້

télécommande
ຣີໂມດຄອບຄຸມ

tapis
ພົມປູພື້ນ

rideau
ຜ້າກັ້ງ

table
ໂຕະ

chaise
ຕັ່ງນັ່ງ

chaise à bascule
ຕັ່ງນັ່ງແບບໂຍກໄດ້

fauteuil
ຕັ່ງນັ່ງທີ່ມີບ່ອນວາງແຂນ

livre

ໜັງສື

couverture

ຜ້າຫົ່ມ

décoration

ຂອງຕົກແຕ່ງ

bois de chauffage

ຟືນ

film

ຮູບເງົາ

chaîne hi-fi

ເຄື່ອງສຽງລະບົບໄຮໄຟ

clé

ກະແຈ

journal

ໜັງສືພິມ

peinture

ການແຕ້ມຮູບ

poster

ໂປສເຕີ

radio

ວິທະຍຸ

bloc-notes

ແຜ່ນບັນທຶກ

aspirateur

ເຄື່ອງດູດຝຸ່ນ

cactus

ຕົ້ນກະບອງເພັດ

bougie

ທຽນໄຂ

cuisine
ຫ້ອງຄົວ

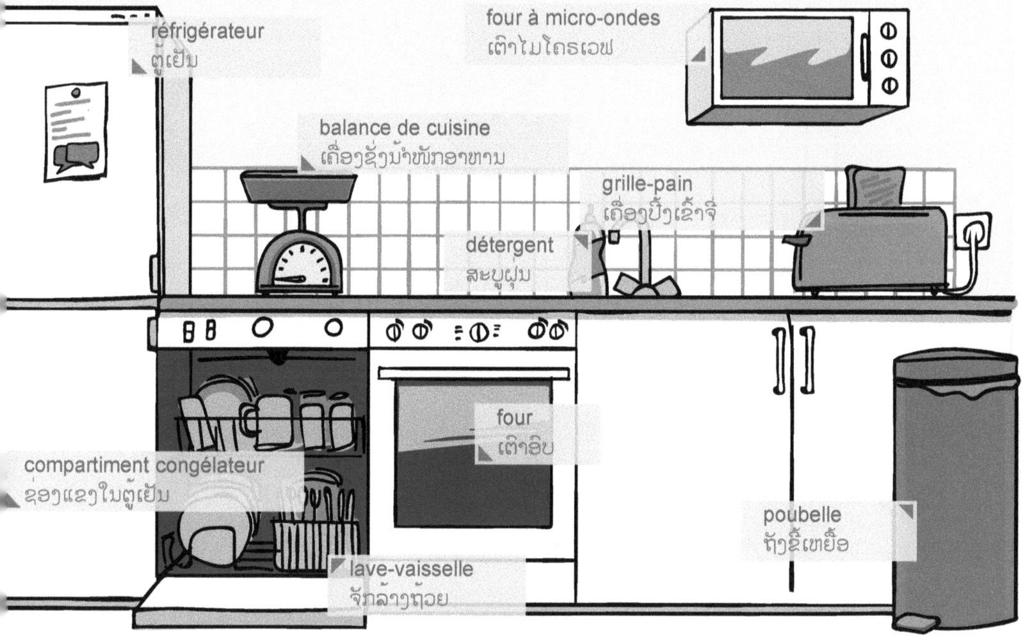

réfrigérateur
ຕູ້ເຢັນ
four à micro-ondes
ເຕົາໄມໂຄຣເວຟ
balance de cuisine
ເຄື່ອງຊັ່ງນ້ຳໜັກອາຫານ
grille-pain
ເຄື່ອງປີ້ງເຂົ້າຈີ່
détergent
ສະບູຝຸ່ນ
four
ເຕົາອົບ
compartiment congélateur
ຊອງແຊ່ງໃນຕູ້ເຢັນ
poubelle
ຖັງຂີ້ເຫຍື້ອ
lave-vaisselle
ຈັກລ້າງຖ້ວຍ

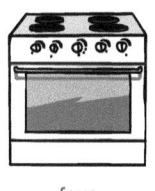

four
ໝໍ້ຕົ້ມ

casserole
ໝໍ້

marmite
ໝໍ້ເຫຼັກຫຼໍ່

wok / kadai
ໝໍ້ກະທະຈີນ

poêle
ໝໍ້ກະທະກົ້ນແບນ

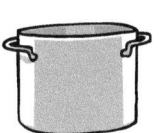

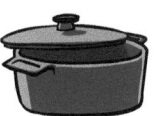

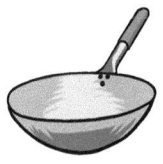

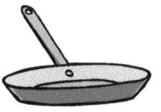

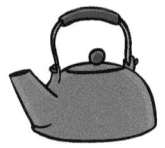

bouilloire electrique
ກາຕົ້ມນ້ຳ

cuiseur vapeur

ໝໍ້ໄອນ້ຳ

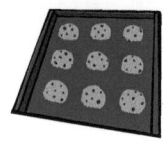

plaque de cuisson

ຖາດອົບ

vaisselle

ເຄື່ອງຖ້ວຍຊາມ

gobelet

ຈອກທືມ

coupe

ຖ້ວຍ

baguettes

ໄມ້ທູ່

louche

ຈອງດ້າມຍາວ

spatule

ຕະຫຼິວ

fouet

ເຄື່ອງຕີໄຂ່

passoire

ກະຊອນ

tamis

ເຄື່ອງຮອນ

râpe

ເຫຼັກຂູດ

mortier

ຄົກ

barbecue

ບາບິຄິວ

cheminée

ແຄມໄຟຖາວອນ

planche à découper

ຂຽງ

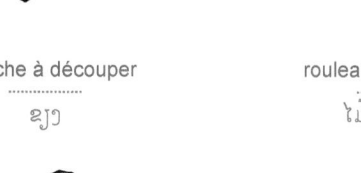

rouleau à pâtisserie

ໄມ້ບວດແປ້ງ

tire-bouchon

ເຫຼັກໄຂຄອນແກ້ວ

boîte

ກະປ໋ອງ

ouvre-boîte

ເຄື່ອງເປີດກະປ໋ອງ

maniques

ຖົງມືຈັບຂອງຮ້ອນ

lavabo

ອ່າງລ້າງຈານ

brosse

ແປງ

éponge

ຟອງນ້ຳ

mixeur

ເຄື່ອງປັ່ນ

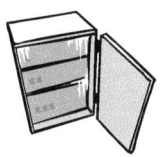

congélateur

ຕູ້ແຊແຂງ

biberon

ຂວດນົມ

robinet

ກ໋ອກນ້ຳ

salle de bain

ຫ້ອງນ້ຳ

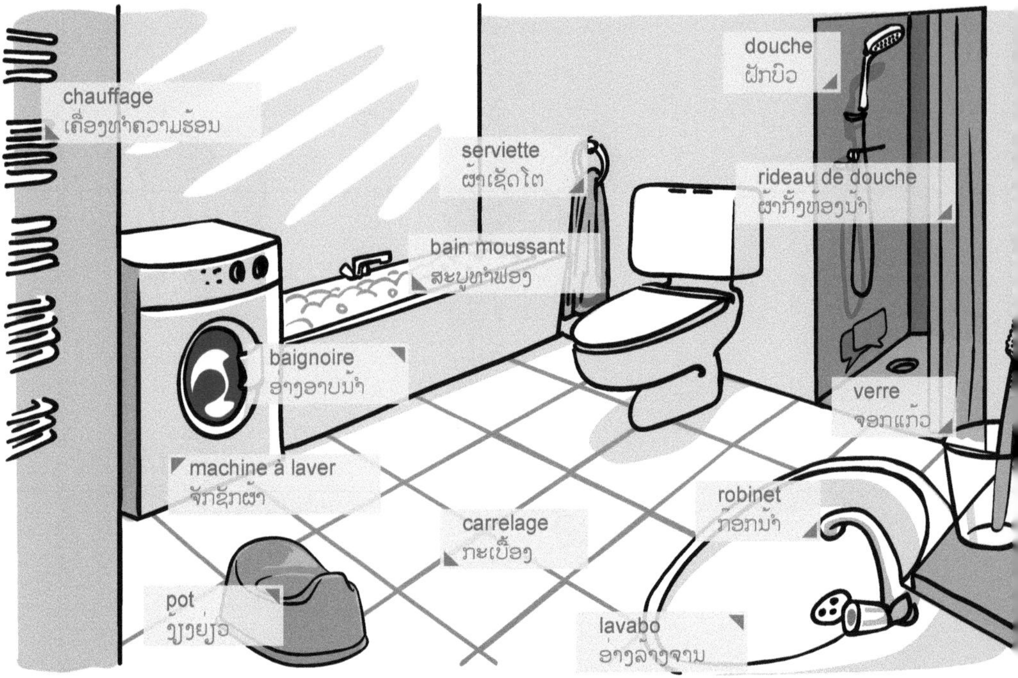

chauffage
ເຄື່ອງທຳຄວາມຮ້ອນ
serviette
ຜ້າເຊັດໂຕ
douche
ຝັກບົວ
rideau de douche
ຜ້າກັ້ງຫ້ອງນ້ຳ
bain moussant
ສະບູທຳຟອງ
baignoire
ອ່າງອາບນ້ຳ
verre
ຈອກແກ້ວ
machine à laver
ຈັກຊັກຜ້າ
robinet
ກ໊ອກນ້ຳ
carrelage
ກະເບື້ອງ
pot
ງ່ງຍ່ຽວ
lavabo
ອ່າງລ້າງຈານ

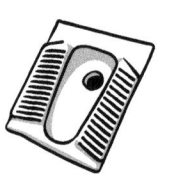

toilettes

ຫ້ອງສ້ວມ

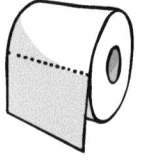

toilette à la turque

ໂຖສ້ວມແບບນັ່ງຍອງ

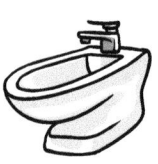

bidet

ໂຖຍ່ຽວຂອງຜູ້ຍິງ

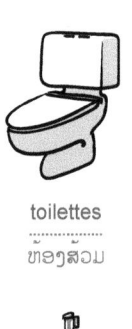

urinoir

ໂຖຍ່ຽວຂອງຜູ້ຊາຍ

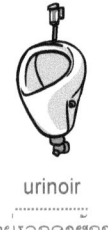

papier toilette

ກະດາດຊຳລະທີ່ໃຊ້ໃນຫ້ອງນ້ຳ

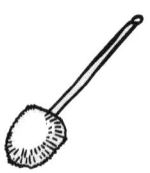

brosse à toilette

ແປງຂັດຫ້ອງນ້ຳ

brosse à dents

ແປງສີຟັນ

dentifrice

ຢາສີຟັນ

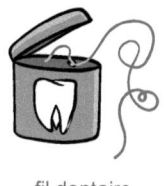

fil dentaire

ໄໝຂັດແຂ້ວ

laver

ລ້າງ

douche manuelle

ຝັກບົວອາບນ້ຳທີ່ໃຊ້ມືຈັບ

douche intime

ເຄື່ອງສິດລ້າງ

vasque

ອ່າງລ້າງໜ້າ

brosse dorsale

ແປງຖູຫົວ

savon

ສະບູ

gel douche

ເຈລອາບນ້ຳ

shampooing

ແຊມພູ

gant de toilette

ຜ້າຖູໂຕນ້ອຍ

écoulement

ທໍ່ລະບາຍນ້ຳເສຍ

crème

ຄີມ

déodorant

ຢາດັບກິ່ນ

miroir

ແວ່ນແຍງ

miroir cosmétique

ແວ່ນມືຖື

rasoir

ມີດແຖຫນວດ

mousse à raser

ໂຟມແຖຫນວດ

après-rasage

ໂລຊັ່ນບຳລຸຜິວຫຼັງແຖຫນວດ

peigne

ຫວີ

brosse

ແປງ

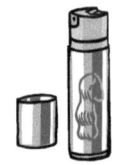

sèche-cheveux

ຈັກເປົ່າຜົມ

laque pour cheveux

ສະເປຊີດຜົມ

fond de teint

ຊຸດເຄື່ອງສຳອາງ

rouge à lèvres

ລິບສະຕິກທາສົບ

vernis à ongles

ນ້ຳຍາທາເລັບ

ouate

ສຳລີ

coupe-ongles

ມີດຕັດເລັບ

parfum

ນ້ຳຫອມ

trousse de toilette

ກະເປົ໋າອາບນ້ຳ

tabouret

ຕັ່ງສາມຂາ

pèse-personne

ເຄື່ອງຊັ່ງນ້ຳໜັກ

peignoir

ເສື້ອຄຸມອາບນ້ຳ

gants de nettoyage

ຖົງມືຢາງ

tampon

ຜ້າອະນາໄມແບບສອດ

serviettes hygiéniques

ຜ້າອະນາໄມ

toilette chimique

ຫ້ອງນ້ຳເຄມີ

chambre d'enfant

ຫ້ອງພັກສຳລັບເດັກນ້ອຍ

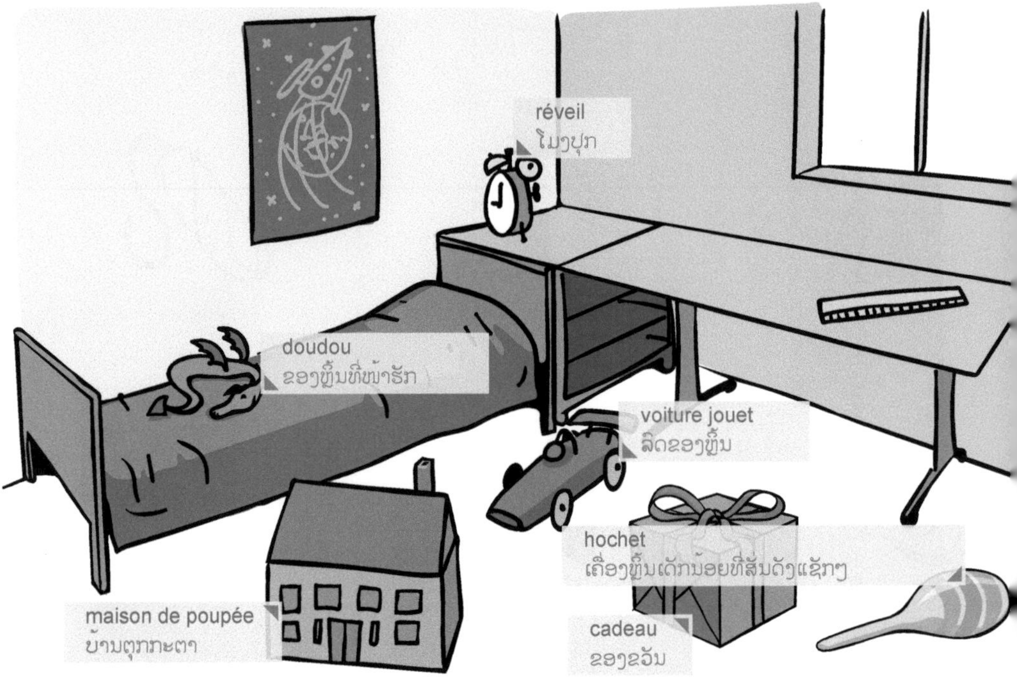

réveil
ໂມງປຸກ
doudou
ຂອງຫຼິ້ນທີ່ໜ້າຮັກ
voiture jouet
ລົດຂອງຫຼິ້ນ
hochet
ເຄື່ອງຫຼິ້ນເດັກນ້ອຍທີ່ສັ່ນດັງແຊ໊ກໆ
maison de poupée
ບ້ານຕຸກກະຕາ
cadeau
ຂອງຂວັນ

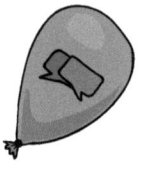

ballon

ໝາກປຸມເປົ້າ

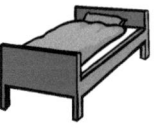

lit

ຕຽງ

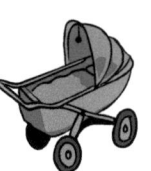

poussette

ລົດຍູ້ເດັກ

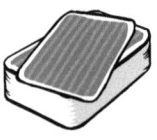

jeu de cartes

ຊຸມໄພ້

puzzle

ຈິກຊໍ

SUPER MEGA

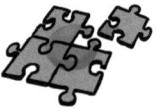

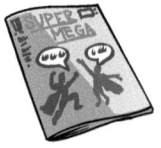

bande dessinée

ໜັງສືກາຕູນ

pièces lego
ຕິ່ງຕໍ່ເລໂກ້

blocs de construction
ບລ໋ອກຂອງຫຼິ້ນ

figurine
ຮູບປັ້ນທີ່ເຄື່ອນໄຫວໄດ້

grenouillère
ເສື້ອຜ້າເດັກເກີດໃໝ່

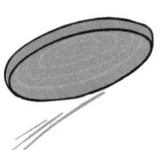

frisbee
ຈານບິນ

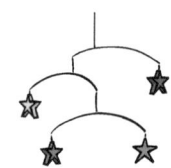

mobile
ສິ່ງທີ່ແກວ່ງໄປມາແຂວນຢູ່ເທິງທິດ
ຕຽງເດັກນ້ອຍ

jeu de société
ເກມກະດານ

dé
ໝາກກະລ໋ອກ

train miniature
ຊຸດລົດໄຟຈຳລອງ

sucette
ຮູບທຸມ

fête
ງານລ້ຽງ

livre d'images
ໜັງສືພາບ

balle
ໝາກບານ

poupée
ຕຸກກະຕາ

jouer
ຫຼິ້ນ

bac à sable

ຂຸມຖົມຊາຍສຳລັບເດັກນ້ອຍຫຼິ້ນ

balançoire

ຊິງຊ້າ

jouets

ຂອງຫຼິ້ນ

console de jeu

ເຄື່ອງຫຼິ້ນວິດີໂອເກມ

tricycle

ລົດຖີບສາມລໍ້

ours en peluche

ຕຸກກະຕາໝີ

armoire

ຕູ້ເສື້ອຜ້າ

vêtements

ເສື້ອຜ້າ

chaussettes

ລອງເທົ້າ

bas

ຖົງເທົ້າຍາວຂອງຜູ້ຍິງ

collant

ໃສ້ງຍືດແບບເນື້ອ

écharpe
ຜ້າພັນຄໍ

parapluie
ຄັນຮົ່ມ

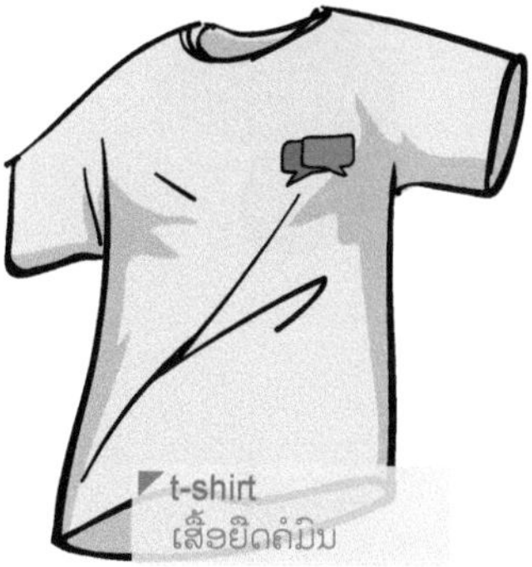

ceinture
ສາຍແອວ

t-shirt
ເສື້ອຍືດຄໍມົນ

bottes
ເກີບບູດທ໌

pantoufles
ເກີບແຕະ

baskets
ເກີບກິລາ

sandales

ເກີບລັດດານ

chaussures

ເກີບ

bottes de caoutchouc

ເກີບບູດທ໌ຢາງ

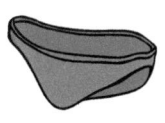

sous-vêtements

ໂສ້ງຊ້ອນໃນ

soutien-gorge

ເສື້ອຊ້ອນໃນ

maillot de corps

ເສື້ອມ້າມ

body

ເສື້ອຮັດທຸນ

pantalon

ໂສ້ງຂາຍາວ

jean

ໂສ້ງຍີນ

jupe

ກະໂປ່ງ

chemisier

ເສື້ອຜູ້ຍິງ

chemise

ເສື້ອເຊິດ

pull

ເສື້ອກັນໜາວ

sweat à capuche

ເສື້ອຄຸມມີໝວກ

veste

ເສື້ອໃຫຍ່ທີ່ຕິດກາໃຮ່ງຽນຫຼືກາທິ
ມາລາໆ

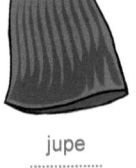

veste

ເສື້ອແຈັກເກັດ

manteau

ເສື້ອນອກ

imperméable

ເສື້ອກັນຝົນ

costume

ເຄື່ອງແຕ່ງກາຍ

robe

ກະໂປ່ງ

robe de mariée

ຊຸດແຕ່ງງານ

costume

ເສື້ອສູດ

chemise de nuit

ຊຸດລາຕີ

pyjama

ຊຸດນອນ

sari

ຊຸດຊາຣີ

foulard

ຜ້າຄຸມຫົວ

turban

ຜ້າພັນຫົວ

burqa

ເສື້ອບຸຣຸເຄາະ

caftan

ເສື້ອຄຸມຄາຟຕານ

abaya

ເສື້ອຄຸມອາບາຍາ

maillot de bain

ຊຸດລອຍນ້ຳ

maillot de bain

ໂສ້ງໃສ່ລອຍນ້ຳ

short

ໂສ້ງຂາສັ້ນ

tenue d'entraînement

ຊຸດອອມ

tablier

ຜ້າກັນເປື້ອນ

gants

ຖົງມື

bouton

ກະດຸມ

lunettes

ແວ່ນຕາ

bracelet

ປອກແຂນ

collier

ສ້ອຍຄໍ

bague

ແຫວນ

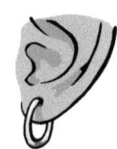

boucle d'oreille

ຕຸ້ມຫູ

bonnet

ໝວກແກັບ

cintre

ໄມ້ແຂວນເສື້ອນອກ

chapeau

ໝວກ

cravate

ກາລະຫວັດ

fermeture éclair

ຊິບ

casque

ໝວກກັນກະທິບ

bretelles

ສາຍໂຍງໂສ້ງ

uniforme scolaire

ຊຸດນັກຮຽນ

uniforme

ເຄື່ອງແບບ

vêtements - ເສື້ອຜ້າ

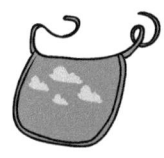

bavoir
ຜ້າກັນເປື້ອນເດັກ

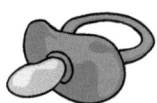

sucette
ຮູບຫຸ່ນ

lange
ຜ້າອ້ອມ

bureau
ຫ້ອງການ

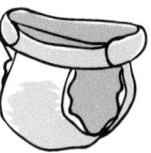

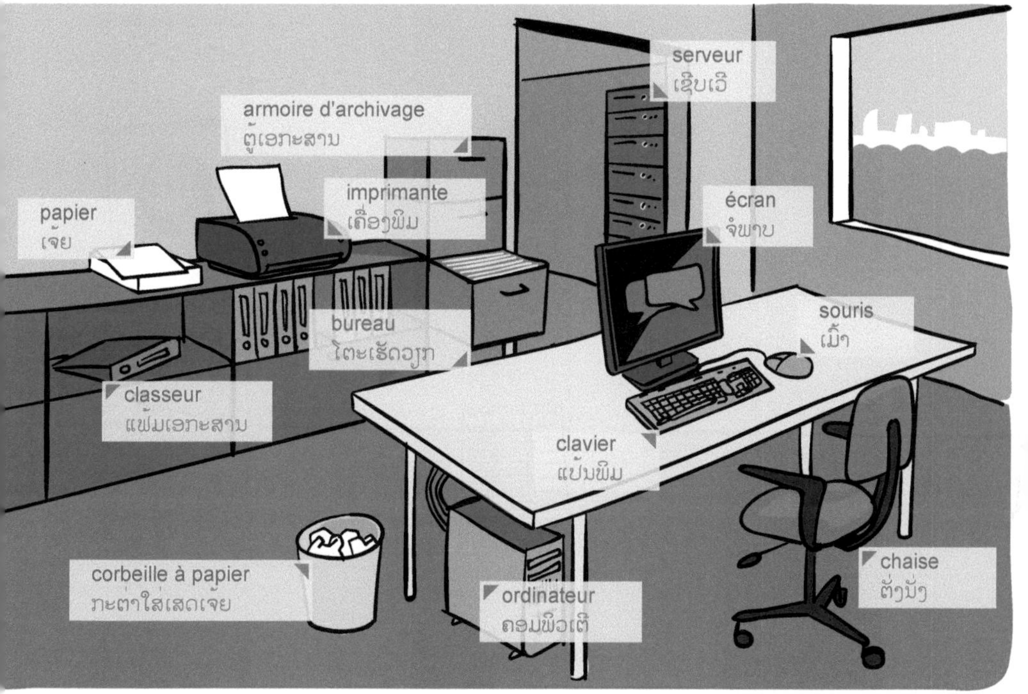

serveur
ເຊີບເວີ
armoire d'archivage
ຕູ້ເອກະສານ
imprimante
ເຄື່ອງພິມ
papier
ເຈ້ຍ
écran
ຈໍພາບ
souris
ເມົ້າ
bureau
ໂຕະເຮັດວຽກ
classeur
ແຟ້ມເອກະສານ
clavier
ແປ້ນພິມ
corbeille à papier
ກະຕ່າໃສ່ເສດເຈ້ຍ
ordinateur
ຄອມພິວເຕີ
chaise
ຕັ່ງນັ່ງ

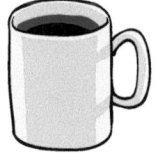

tasse de café
ຈອກຫີນໃສ່ກາເຟ

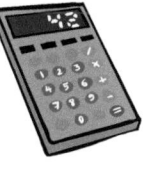

calculatrice
ເຄື່ອງຄິດເລກ

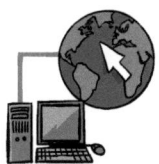

internet
ອິນເຕີເນັດ

ordinateur portable

ຄອມພິວເຕີແລັບທ້ອບ

lettre

ຈິດໝາຍ

message

ຂໍ້ຄວາມ

portable

ໂທລະສັບມືຖື

réseau

ເຄືອຂ່າຍ

photocopieuse

ເຄື່ອງຖ່າຍເອກະສານ

logiciel

ຊອບແວ

téléphone

ໂທລະສັບ

prise

ປັກໄຟ

fax

ເຄື່ອງແຟັກ

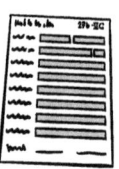

formulaire

ແບບຟອມ

document

ເອກະສານ

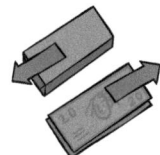

acheter

ຊື້

payer

ຈ່າຍ

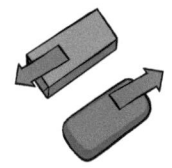

faire du commerce

ຄ້າຂາຍ

monnaie

ເງິນ

dollar

ເງິນດອນລາ

euro

ເງິນຢູໂຣ

yen

ເງິນເຢນ

rouble

ເງິນຣູເບິລ

franc suisse

ເງິນຟຣັງສະວິດ

renminbi yuan

ເງິນຢວນເຣິນໜິນບີ້

roupie

ເງິນຣູປີ

distributeur automatique

ເຄື່ອງສຳລັບກົດເງິນສົດຈາກທະນາຄານ

bureau de change
ບ່ອນແລກປ່ຽນເງິນຕາ

or
ທອງຄຳ

argent
ເງິນ

pétrole
ນ້ຳມັນ

énergie
ພະລັງງານ

prix
ລາຄາ

contrat
ສັນຍາ

taxe
ພາສີ

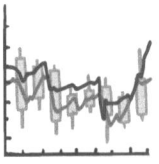

action
ຫຸ້ນ

travailler
ເຮັດວຽກ

employé
ລູກຈ້າງ

employeur
ນາຍຈ້າງ

usine
ໂຮງງານ

magasin
ຮ້ານຄ້າ

professions
ອາຊີບ

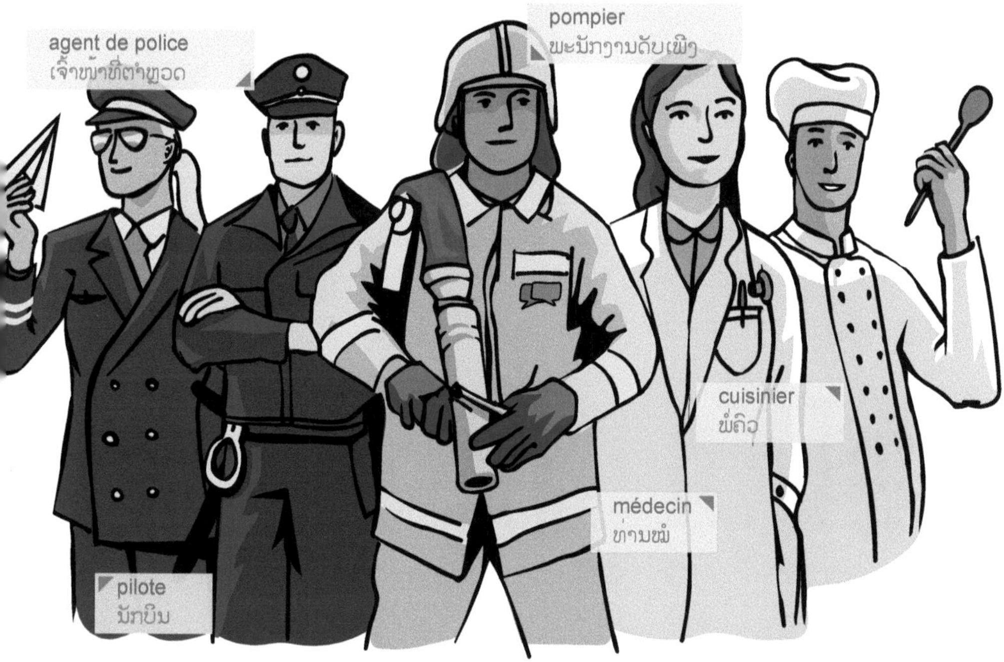

agent de police
ເຈົ້າໜ້າທີ່ຕໍາຫຼວດ
pompier
ພະນັກງານດັບເພີງ
cuisinier
ພໍ່ຄົວ
médecin
ທ່ານໝໍ
pilote
ນັກບິນ

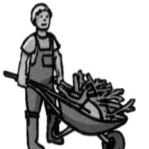

jardinier

ຊາວສວນ

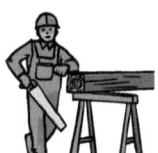

menuisier

ຊ່າງໄມ້

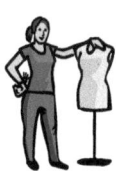

couturière

ຊ່າງຫຍິບຜ້າທີ່ເປັນຜູ້ຍິງ

juge

ຜູ້ພິພາກສາ

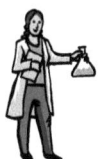

chimiste

ນັກເຄມີ

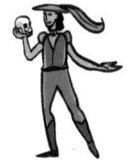

acteur

ນັກສະແດງຊາຍ

conducteur de bus

ຄົນຂັບລົດເມປະຈຳທາງ

chauffeur de taxi

ຄົນຂັບແທັກຊີ

pêcheur

ຊາວປະມົງ

femme de ménage

ແມ່ບ້ານທຳຄວາມສະອາດ

couvreur

ຊາງມຸງຫຼັງຄາ

serveur

ຄົນເສີບຂາຍ

chasseur

ນາຍພານ

peintre

ຊ່າງທາສີ

boulanger

ຄົນເຮັດເຂົ້າໜົມປັງ

électricien

ຊ່າງໄຟຟ້າ

ouvrier

ຊ່າງກໍ່ສ້າງ

ingénieur

ວິສະວິກອນ

boucher

ຄົນຂາຍຊີ້ນ

plombier

ຊ່າງນ້ຳປະປາ

facteur

ບູລຸດໄປສະນີ

soldat

ທະຫານ

architecte

ສະຖາປະນິກ

caissier

ພະນັກງານເກັບສິດ

fleuriste

ຄົນຂາຍດອກໄມ້

coiffeur

ຊ່າງແຕ່ງຜົມ

contrôleur

ພະນັກງານກວດປີ້ລົດ

mécanicien

ຊ່າງສ້ອມລົດຍົນ

capitaine

ຜູ້ບັງຄັບການ

dentiste

ທັນຕະແພດ

scientifique

ນັກວິທະຍາສາດ

rabbin

ພະໃນສາສະໜາຢິວ

imam

ຜູ້ນຳຊາວມຸສລິມ

moine

ຄູບາ

prêtre

ນັກບວດ

outils
ເຄື່ອງມື

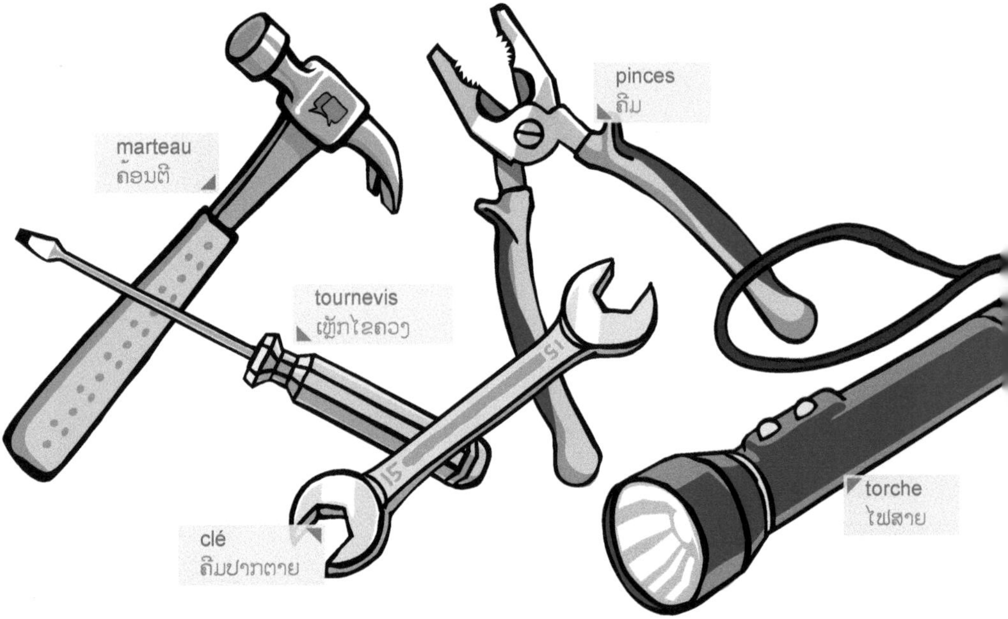

marteau
ຄ້ອນຕີ
pinces
ຄີມ
tournevis
ເຫຼັກໄຂຄວງ
clé
ຄີມປາກຕາຍ
torche
ໄຟສາຍ

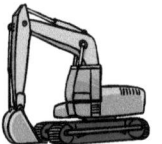

pelleteuse

ເຄື່ອງຂຸດ

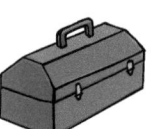

boîte à outils

ກັບເຄື່ອງມື

échelle

ຂັ້ນໄດ

scie

ເລື່ອຍ

clous

ຕະປູ

perceuse

ເຫຼັກຊີ

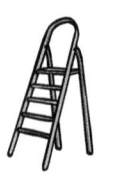

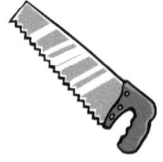

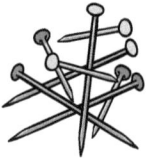

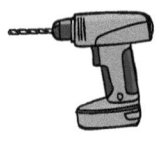

réparer

ສ້ອມແປງ

pelle

ຊ້ວານ

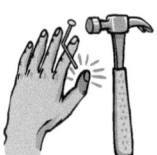

Mince !

ຕາຍຫາ!

pelle

ຂອງຊ້ວານຂີ້ເຫຍື້ອ

pot de peinture

ຖັງສີ

vis

ຕະປູກງວ

---

instruments de musique
ເຄື່ອງດົນຕີ

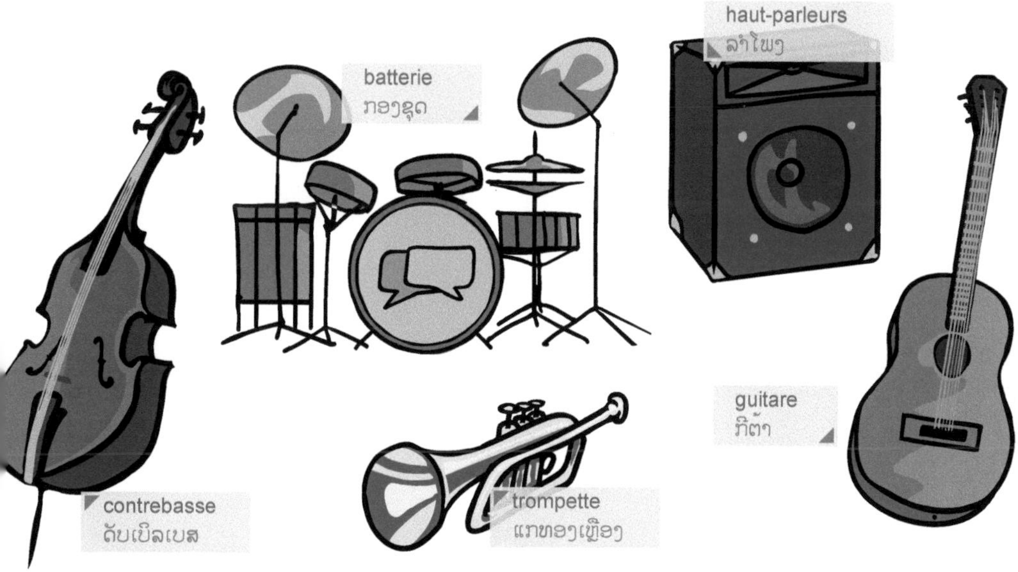

haut-parleurs
ລຳໂພງ

batterie
ກອງຊຸດ

guitare
ກີຕ້າ

contrebasse
ດັບເບິລເບສ

trompette
ແກທອງເຫືອງ

piano

ເປຍໂນ

violon

ໄວໂອລິນ

basse

ເບສ

timbales

ກອງທິມປານິ

tambour

ກອງຊຸດ

piano électrique

ຄີບອດ

saxophone

ແຊັກໂຊໂຟນ

flûte

ຂຸຍ

microphone

ໄມໂຄຣໂຟນ

tigre
ເສືອ

entrée
ທາງເຂົ້າ

cage
ກົງຂັງມັກ

zèbre
ມ້າລາຍ

alimentation animale
ອາຫານສັດ

panda
ໝີແພນດ້າ

animaux
ສັດ

éléphant
ຊ້າງ

kangourou
ກັງກາຣູ

rhinocéros
ແຮດ

gorille
ລີງໂກຣິນໃຫຍ່

ours
ໝີ

chameau

ອູດ

autruche

ນົກກະຈອກເທດ

lion

ສິງໂຕ

singe

ລິງ

flamand rose

ນົກຟລາມິງໂກ

perroquet

ນົກແກ້ວ

ours polaire

ໝີຂົ້ວໂລກ

pingouin

ນົກເພັນກວິນ

requin

ປາສະຫຼາມ

paon

ນົກຍູງ

serpent

ງູ

crocodile

ແຂ້

gardien de zoo

ຜູ້ເບິ່ງແຍງສວນສັດ

phoque

ແມວນ້ຳ

jaguar

ເສືອຈາກົວ

poney

ມ້າພັນນ້ອຍ

léopard

ເສືອດາວ

hippopotame

ຮິບໂປ

girafe

ໂຕຈິຣາຟ

aigle

ຫງ່ວ

sanglier

ໝູປ່າຕົວຜູ້

poisson

ປາ

tortue

ເຕົ່າ

morse

ຊ້າງນ້ຳ

renard

ໝາຈອກ

gazelle

ກວາງນ້ອຍ

american Football
ອາເມລິກັນຟຸດບອມ

cyclisme
ຂີ່ລົດຖີບ

tennis
ກິລາເທນນິສ

basket-ball
ບັສເກັດບອລ

natation
ກິລາລອຍນ້ຳ

boxe
ຂົກມວຍ

hockey sur glace
ກິລາຕີຄິເຄິ່ມນ້ຳແຂງ

football
ກິລາເຕະບານ

badminton
ກິລາຕີດອກປີກໄກ່

athlétisme
ກິລາປະເພດ ແລ່ນ
ເຕັ້ນແລະແກວ່ງ

handball
ແຮນບອລ

ski
ກິລາສະກີ້

polo
ກິລາໂປໂລນ້ຳ

rire
ທົວ

sauter
ໂດດ

embrasser
ກອດ

marcher
ຍ່າງ

chanter
ຮ້ອງເພງ

rêver
ຝັນ

prier
ໄຫວ້ພະ / ສວດມົນ

faire la bise
ຈູບ

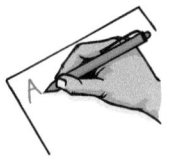

écrire
ຂຽນ

dessiner
ແຕ້ມ

montrer
ສະແດງ

pousser
ຍູ້

donner
ໃຫ້

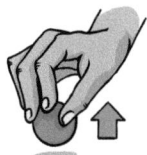

prendre
ເອົາໄປ

avoir

ມີ

faire

ເຮັດ

être

ເປັນ

être debout

ຢືນ

courir

ແລ່ນ

trier

ດຶງ

jeter

ໂຍນ

tomber

ລົ້ມ

être couché

ນອນຢຽດ

attendre

ລໍຖ້າ

porter

ຖື

être assis

ນັ່ງ

s'habiller

ແຕ່ງຕົວ

dormir

ນອນຫຼັບ

se réveiller

ຕື່ນນອນ

regarder

ເບິ່ງ

pleurer

ຮ້ອງໄຫ້

caresser

ລູບ

peigner

ຫວີຜົມ

parler

ລົມ

comprendre

ເຂົ້າໃຈ

demander

ຄຳຖາມ

écouter

ຟັງ

boire

ດື່ມ

manger

ກິນ

ranger

ຈັດໃຫ້ເປັນລະບຽບ

aimer

ຮັກ

cuire

ຖໍ່ກິນ

conduire

ຂັບລົດ

voler

ບິນ

faire de la voile

ແລ່ນເຮືອ

calculer

ຄິດໄລ່

lire

ອ່ານ

apprendre

ຮຽນຮູ້

travailler

ເຮັດວຽກ

se marier

ແຕ່ງງານ

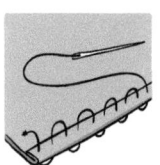

coudre

ຫຍິບ

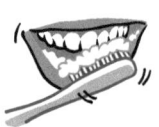

brosser les dents

ແປງຟັນ

tuer

ຂ້າ

fumer

ສູບຢາ

envoyer

ສົ່ງ

famille
ຄອບຄົວ

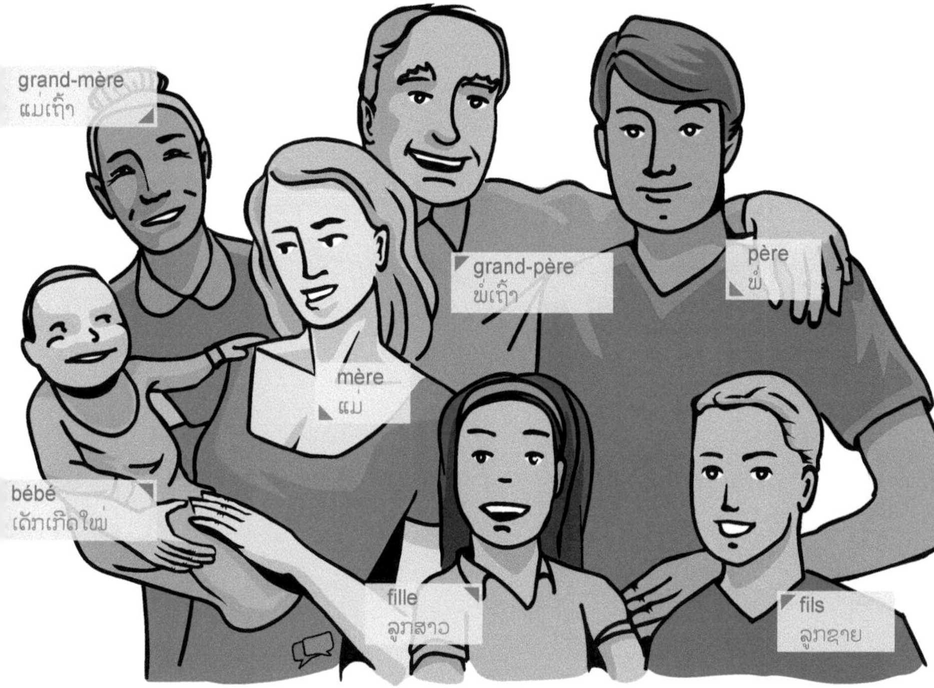

grand-mère
ແມ່ເຖົ້າ
grand-père
ພໍ່ເຖົ້າ
père
ພໍ່
mère
ແມ່
bébé
ເດັກເກີດໃໝ່
fille
ລູກສາວ
fils
ລູກຊາຍ

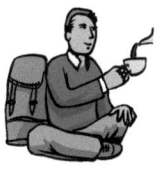

hôte

ແຂກ

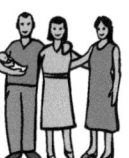

tante

ປ້າ

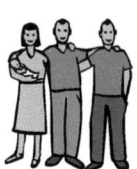

oncle

ລຸງ

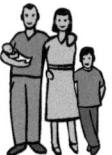

frère

ອ້າຍນ້ອງ

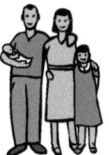

sœur

ເອື້ອຍນ້ອງ

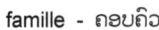

corps

ຮາງກາຍ

front
ໜ້າຜາກ
œil
ຕາ
épaule
ບ່າໄຫຼ່
doigt
ນິ້ວມື
visage
ໃບໜ້າ
menton
ຄາງ
main
ມື
poitrine
ໜ້າເອິກ
jambe
ຂາ
bras
ແຂນ

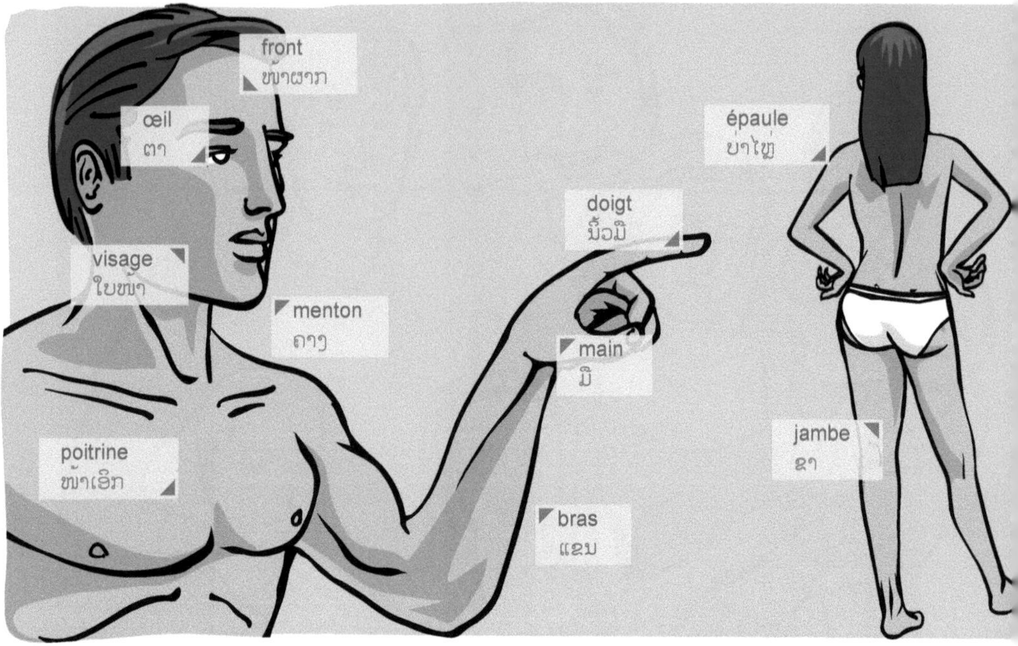

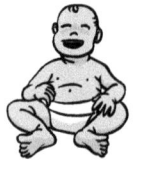

bébé
ເດັກເກີດໃໝ່

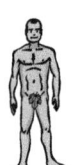

homme
ຜູ້ຊາຍ

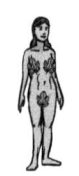

femme
ຜູ້ຍິງ

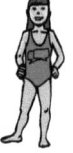

fille
ເດັກຍິງ

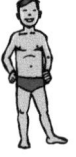

garçon
ເດັກຊາຍ

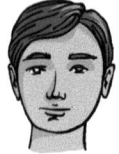

tête
ຫົວ

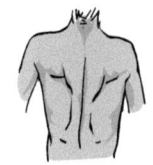

dos

ຫຼັງ

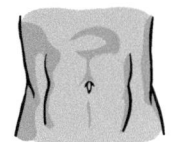

ventre

ທ້ອງ

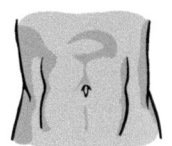

nombril

ສະບື

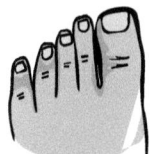

orteil

ນິ້ວຕີນ

talon

ສົ້ນຕີນ

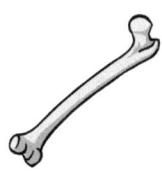

os

ກະດູກ

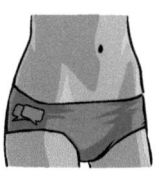

hanche

ກະໂພກ

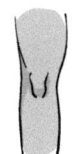

genou

ຫົວເຂົ່າ

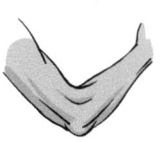

coude

ແຂນສອກ

nez

ດັງ

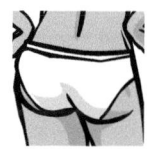

fesses

ກົ້ນ

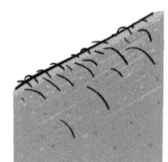

peau

ຜິວໜັງ

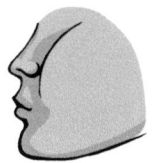

joue

ແກ້ມ

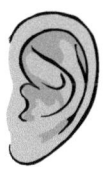

oreille

ຫູ

lèvre

ຮິມສົບ

bouche

ปาก

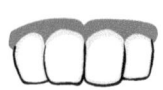

dent

ແຂວ

langue

ລິ້ນ

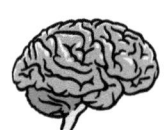

cerveau

ສະໝອງ

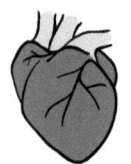

cœur

ຫົວໃຈ

muscle

ກ້າມເນື້ອ

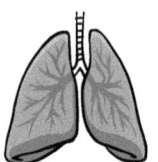

poumons

ປອດ

foie

ຕັບ

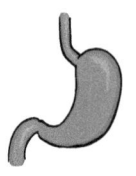

estomac

ກະເພາະ

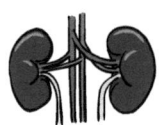

reins

ໄຕ

rapport sexuel

ເພດສາຳພັນ

préservatif

ຖົງຢາງອະນາໄມ

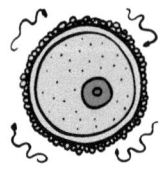

ovule

ເຊັລສືບພັນ

sperme

ນ້ຳອະສຸຈິ

grossesse

ການຖືພາ

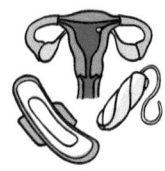

menstruation

ປະຈຳເດືອນ

vagin

ຊ່ອງຄອດ

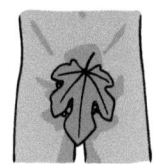

pénis

ອະໄວຍະວະເພດຊາຍ

sourcil

ຄິ້ວ

cheveux

ເສັ້ນຜົມ

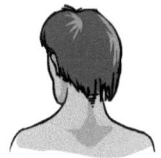

cou

ຄໍ

hôpital
ໂຮງໝໍ

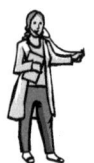

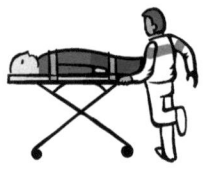

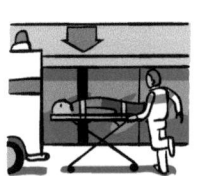

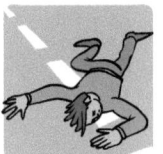

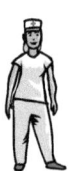

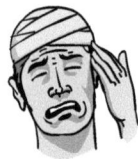

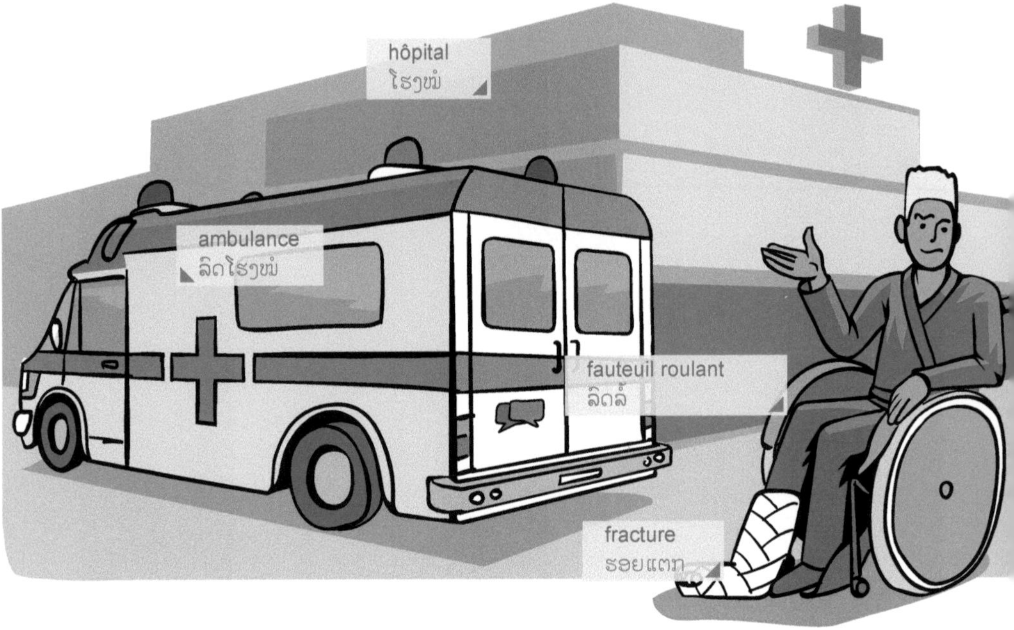

hôpital
ໂຮງໝໍ
ambulance
ລົດໂຮງໝໍ
fauteuil roulant
ລົດລໍ້
fracture
ຮອຍແຕກ

médecin

ທ່ານໝໍ

service des urgences

ຫ້ອງສຸກເສີນ

infirmière

ພະຍາບານ

urgence

ສຸກເສີນ

inconscient

ໝົດສະຕິ

douleur

ອາການເຈັບປວດ

blessure

ການບາດເຈັບ

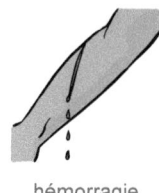

hémorragie

ເລືອດໄຫຼ

crise cardiaque

ຫົວໃຈວາຍ

attaque cérébrale

ໂຣກຫຼອດເລືອດໃນສະໝອງ

allergie

ອາການແພ້

toux

ໄອ

fièvre

ໄຂ້

grippe

ໄຂ້ຫວັດ

diarrhée

ຖອກທ້ອງ

mal de tête

ເຈັບຫົວ

cancer

ໂຣກມະເລງ

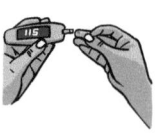

diabète

ພະຍາດເບົາຫວານ

chirurgien

ໝໍຜ່າຕັດ

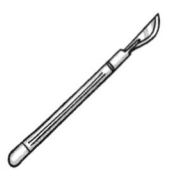

scalpel

ມີດຜ່າຕັດ

opération

ການຜ່າຕັດ

CT

ເຄື່ອງເອັກເຊເຣຄອມພິວເຕີ

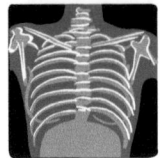

radiographie

ເອັກຊ-ເຣ

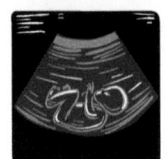

échographie

ອູລຕຣາຊາວ (ultrasound)

masque

ຫນ້າກາກອະນາໄມ

maladie

ພະຍາດ

salle d'attente

ຫ້ອງລໍຖ້າ

béquille

ໄມ້ຄ້ຳຂື້ແຮ້

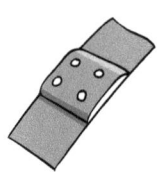

pansement

ຜ້າຍາງຕິດບາດ

pansement

ຜ້າພັນແຜ

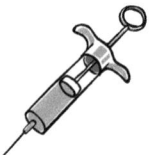

injection

ສັກຢາ

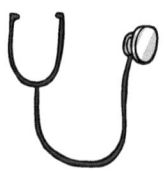

stéthoscope

ເຄື່ອງຟັງປອດຫົວໃຈ

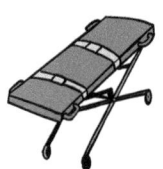

brancard

ເປຫາມຄົນເຈັບ

thermomètre

ບາຫຼອດວັດໄຂ້

accouchement

ການເກີດ

surcharge pondérale

ນ້ຳຫນັກເກີນ

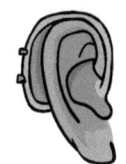

appareil auditif

ເຄື່ອງຊ່ວຍຟັງ

désinfectant

ນ້ຳຍາຂ້າເຊື້ອ

infection

ການຕິດເຊື້ອ

virus

ເຊື້ອໄວຣັສ

VIH / sida

HIV / ເອດສ໌

médicament

ຢາ

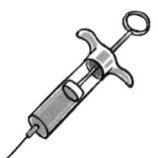

vaccination

ການສັກວັກຊິນ

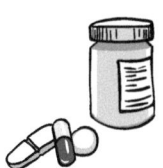

comprimés

ຢາເມັດ

pilule

ຢາເມັດ

appel d'urgence

ໂທອອກສຸກເສີນ

tensiomètre

ເຄື່ອງວັດຄວາມດັນເລືອດ

malade / sain

ໄຂ້ / ສຸຂະພາບດີ

hôpital - ໂຮງໝໍ

Au secours !

ຊ່ວຍດ້ວຍ!

alarme

ສັນຍານເຕືອນໄພ

assaut

ການທຳຮ້າຍຮ່າງກາຍ

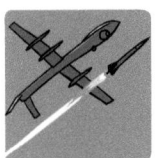

attaque

ການໂຈມຕີ

danger

ອັນຕະລາຍ

sortie de secours

ທາງອອກສຸກເສີນ

Au feu!

ໄຟໄໝ້!

extincteur

ບັ້ງດັບເພີງ

accident

ອຸປະຕິເຫດ

trousse de premier secours

ຊຸດປະຖົມພະຍາບານຂັ້ນຕົ້ນ

SOS

ສັນຍານຂໍຄວາມຊ່ວຍເຫຼືອ

police

ຕຳຫຼວດ

Europe

ເອີຣົບ

Amérique du Nord

ອາເມລິກາເໜືອ

Amérique du Sud

ອາເມລິກາໃຕ້

Afrique

ອາຟຣິກາ

Asie

ເອເຊຍ

Australie

ອອສເຕຣເລຍ

Océan atlantique

ແອດແລນຕິກ

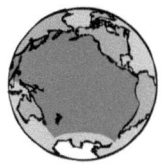

Océan pacifique

ປາຊິຟິກ

Océan indien

ມະຫາສະໝຸດອິນເດຍ

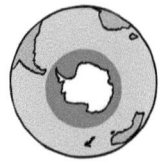

Océan antarctique

ມະຫາສະໝຸດແອນຕາຣຕິກ

Océan arctique

ມະຫາສະໝຸດອາກຕິກ

pôle nord

ຂົ້ວໂລກເໜືອ

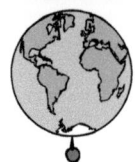

pôle sud

ຂົ້ວໂລກໃຕ້

Antarctique

ແອນຕາຕຶກາ

terre

ໂລກ

pays

ດິນ

mer

ທະເລ

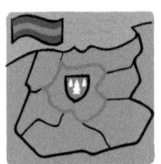

île

ເກາະ

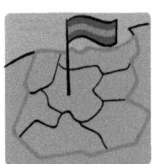

nation

ຊາດ / ປະເທດຊາດ

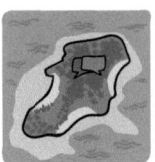

état

ລັດ

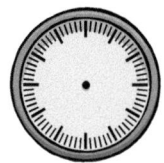

cadran
ໜ້າປັດໂມງ

aiguille des heures
ເຂັມໂມງ

aiguille des minutes
ເຂັມນາທີ

aiguille des secondes
ເຂັມວິນາທີ

Quelle heure est-il ?
ຈັກໂມງແລ້ວ?

jour
ວັນ

temps
ເວລາ

maintenant
ຕອນນີ້

montre digitale
ໂມງດິຈິຕອລ

minute
ນາທີ

heure
ຊົ່ວໂມງ

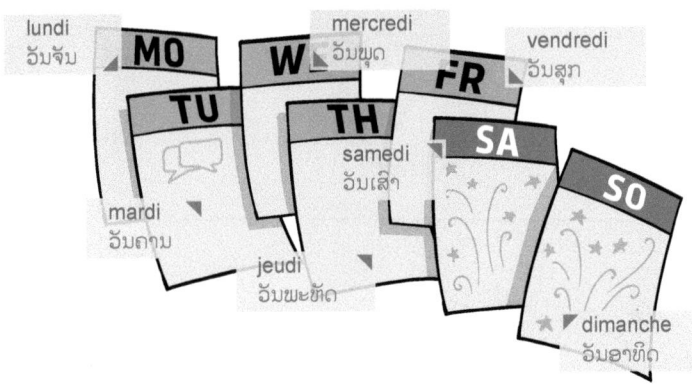

lundi
ວັນຈັນ

mercredi
ວັນພຸດ

vendredi
ວັນສຸກ

mardi
ວັນຄານ

samedi
ວັນເສົາ

jeudi
ວັນພະຫັດ

dimanche
ວັນອາທິດ

hier

ມື້ວານນີ້

aujourd'hui

ມື້ນີ້

demain

ມື້ອື່ນ

matin

ຕອນເຊົ້າ

midi

ຕອນທ່ຽງ

soir

ຕອນແລງ

jours ouvrables

ວັນເຮັດວຽກ

week-end

ທ້າຍສັບປະດາ

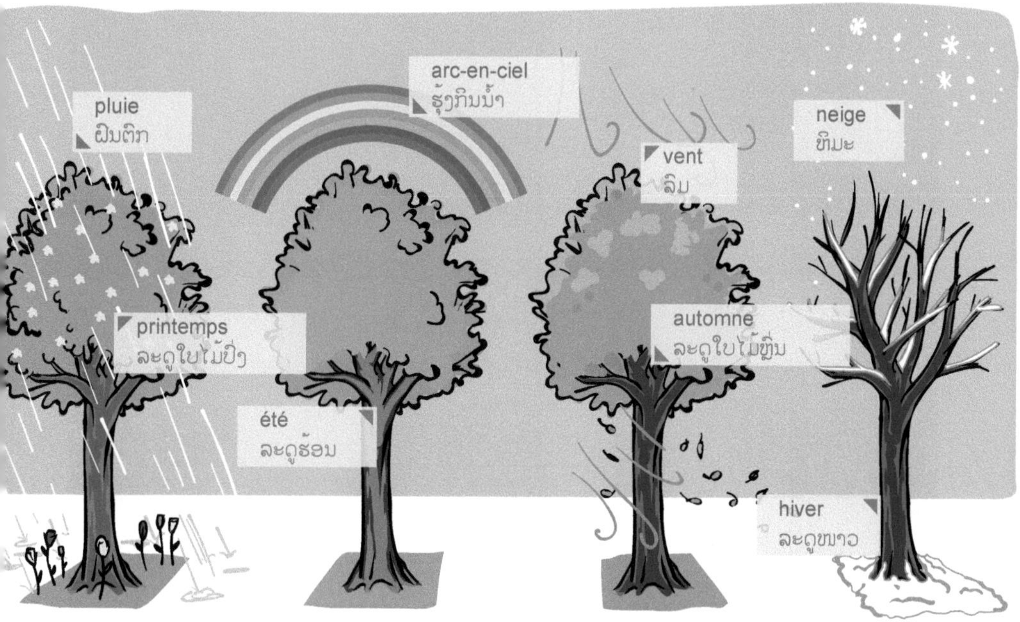

pluie
ຝົນຕົກ
arc-en-ciel
ຮຸ້ງກິນນ້ຳ
vent
ລົມ
neige
ຫິມະ
printemps
ລະດູໃບໄມ້ປົ່ງ
été
ລະດູຮ້ອນ
automne
ລະດູໃບໄມ້ຫຼົ່ນ
hiver
ລະດູໜາວ

4.APRIL 11°
5.APRIL 4°
6.APRIL 13°
7.APRIL 8°
8.APRIL 10°

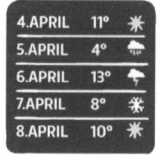

météo
ການພະຍາກອນອາກາດ

F C
120 40
90 30
60 20
30 10
0 0
-30 -10
-20

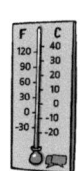

thermomètre
ເຄື່ອງວັດອຸນຫະພູມ

lumière du soleil
ແສງແດດ

nuage
ຂີ້ເຝື້ອ

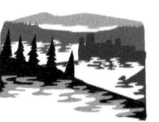

brouillard
ໝອກ

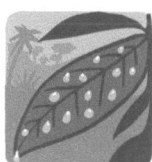

humidité
ຄວາມຊຸ່ມ

foudre

ສາຍຟ້າແມບ

tonnerre

ຟ້າຮ້ອງ

tempête

ພະຍຸ

grêle

ໝາກເຫັບ

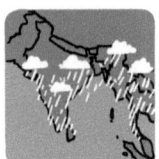

mousson

ລົມມໍລະສຸມ

inondation

ນ້ຳຖ້ວມ

glace

ນ້ຳກ້ອນ

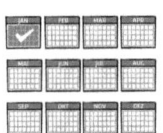

janvier

ມັງກອນ

février

ກຸມພາ

mars

ມີນາ

avril

ເມສາ

mai

ພຶດສະພາ

juin

ມິຖຸນາ

juillet

ກໍລະກົດ

août

ສິງຫາ

année - ປີ

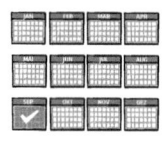

septembre

ກັນຍາ

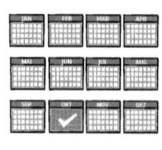

octobre

ຕຸລາ

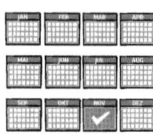

novembre

ພະຈິກ

décembre

ທັນວາ

formes

ຮູບຮ່າງ

cercle

ວົງມົນ

carré

ສີ່ຫຼ່ຽມ

rectangle

ຮູບສີ່ຫຼ່ຽມມຸມສາກ

triangle

ສາມຫຼ່ຽມ

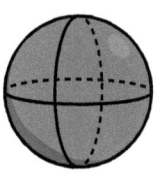

sphère

ໜ່ວຍກົມ

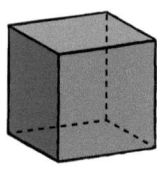

cube

ຮູບສີ່ຫຼ່ຽມມິນທິນ

ເຊີລ

blanc
ສີຂາວ

jaune
ສີເຫຼືອງ

orange
ສີສົ້ມ

rose
ສີບົວ

rouge
ສີແດງ

violet
ສີມ່ວງ

bleu
ສີຟ້າ

vert
ສີຂຽວ

marron
ສີນ້ຳຕານ

gris
ສີເທົາ

noir
ສີດຳ

beaucoup / peu

ຫຼາຍ / ນ້ອຍ

fâché / calme

ໃຈຮ້າຍ / ໃຈເຢັນ

joli / laid

ງາມ / ຂີ້ຮ້າຍ

début / fin

ການເລີ່ມຕົ້ນ / ການສິ້ນສຸດ

grand / petit

ໃຫຍ່ / ນ້ອຍ

clair / obscure

ແຈ້ງ / ມືດ

frère / soeur

ນ້ອງຊາຍຫຼືອ້າຍ /
ນ້ອງສາວຫຼືເອື້ອຍ

propre / sale

ສະອາດ / ເປື້ອນ

complet / incomplet

ສຳເລັດ / ບໍ່ສຳເລັດ

jour / nuit

ກາງວັນ / ກາງຄືນ

mort / vivant

ຕາຍ / ມີຊີວິດ

large / étroit

ກວ້າງ / ແຄບ

comestible / incomestible

ກິນໄດ້ / ກິນບໍ່ໄດ້

méchant / gentil

ຂີ້ຮ້າຍ / ໃຈດີ

excité / ennuyé

ໜ້າຕື່ນເຕັ້ນ / ໜ້າເບື່ອ

gros / mince

ອ້ວນ / ຈ່ອຍ

premier / dernier

ທຳອິດ / ສຸດທ້າຍ

ami / ennemi

ເພື່ອນ / ສັດຕຣູ

plein / vide

ເຕັມ / ວ່າງເປົ່າ

dur / souple

ແຂງ / ນຸ້ມ

lourd / léger

ໜັກ / ເບົາ

faim / soif

ຄວາມຫິວ / ຄວາມຫິວນ້ຳ

malade / sain

ໄຂ້ / ສຸຂະພາບດີ

illégal / légal

ຜິດກົດໝາຍ / ຖືກກົດໝາຍ

intelligent / stupide

ສະຫຼາດ / ໂງ່

gauche / droite

ຊ້າຍ / ຂວາ

proche / loin

ໃກ້ / ໄກ

nouveau / usé
ໃໝ່ / ໃຊ້ແລ້ວ

rien / quelque chose
ບໍ່ມີຫຍັງ / ບາງສິ່ງບາງຢ່າງ

vieux / jeune
ແກ່ / ໜຸ່ມ

marche / arrêt
ເປີດ / ປິດ

ouvert / fermé
ເປີດ / ປິດ

faible / fort
ງຽບ / ດັງ

riche / pauvre
ຮັ່ງມີ / ຍາກຈົນ

correct / incorrect
ຖືກ / ຜິດ

rugueux / lisse
ບໍ່ລຽບ / ລຽບ

triste / heureux
ໂສກເສົ້າ / ດີໃຈ

court / long
ສັ້ນ / ຍາວ

lent / rapide
ຊ້າ / ໄວ

mouillé / sec
ປຽກ / ແຫ້ງ

chaud / froid
ອົບອຸ່ນ / ໜາວເຢັນ

guerre / paix
ສົງຄາມ / ສັນຕິພາບ

0

zéro

ສູນ

1

un / une

ໜຶ່ງ

2

deux

ສອງ

3

trois

ສາມ

4

quatre

ສີ່

5

cinq

ຫ້າ

6

six

ຫົກ

7

sept

ເຈັດ

8

huit

ແປດ

9

neuf

ເກົ້າ

10

dix

ສິບ

11

onze

ສິບເອັດ

12
douze
ສິບສອງ

13
treize
ສິບສາມ

14
quatorze
ສິບສີ່

15
quinze
ສິບຫ້າ

16
seize
ສິບຫົກ

17
dix-sept
ສິບເຈັດ

18
dix-huit
ສິບແປດ

19
dix-neuf
ສິບເກົ້າ

20
vingt
ຊາວ

100
cent
ໜຶ່ງຮ້ອຍ

1.000
mille
ໜຶ່ງພັນ

1.000.000
million
ໜຶ່ງລ້ານ

langues

ພາສາ

anglais

ພາສາອັງກິດ

anglais américain

ພາສາອັງກິດແບບອາເມລິກັນ

chinois mandarin

ພາສາຈີນແບບມາຕິນ

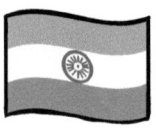

hindi

ພາສາຮິນດິ

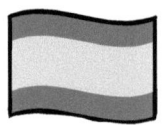

espagnol

ພາສາສະເປນ

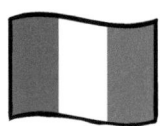

français

ພາສາຝຣັ່ງເສດ

arabe

ພາສາອາຣັບ

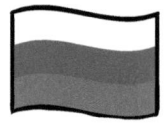

russe

ພາສາຣັດເຊຍ

portugais

ພາສາປ໊ອກຕຸຍການ

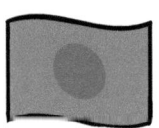

bengali

ພາສາເບງກາອລ

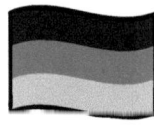

allemand

ພາສາເຍຍລະມັນ

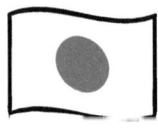

japonais

ພາສາຍີ່ປຸ່ນ

je

ຂ້ອຍ

tu

ເຈົ້າ

il / elle / ce, c', cela

ລາວ (ຜູ້ຊາຍ) / ລາວ (ຜູ້ຍິງ) / ມັນ

nous

ພວກເຮົາ

vous

ພວກເຈົ້າ

ils / elles

ພວກເຮົາ

Qui ?

ໃຜ?

Quoi ?

ແມ່ນຫຍັງ?

Comment ?

ແນວໃດ?

Où ?

ຢູ່ໃສ?

Quand ?

ເມື່ອໃດ?

nom

ຊື່

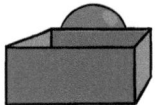

derrière

ຢູ່ທາງຫັວ

dans

ໃນ

devant

ຢູ່ທາງໜ້າ

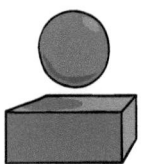

au-dessus

ເໜືອກວ່າ

sur

ຢູ່ເທິງ

en-dessous

ຢູ່ກ້ອງ

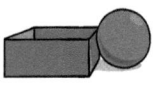

à côté de

ທາງຂ້າງ

entre

ຢູ່ລະຫວ່າງ

lieu

ສະຖານທີ່